创 业 与 设 计

尹亨建　著

上海交通大学出版社
SHANGHAI JIAO TONG UNIVERSITY PRESS

内容提要

　　创业和设计是提出新的构思，并根据现实具体化，向市场提供商品或服务。作者采用中国、韩国、日本三个国家的实际事例，分析了设计在创业过程中的作用。本书是向创业者或设计师介绍在创业过程中如何有效运用设计帮助达到最大效果的趣味图书。

　　本书的读者对象是正在考虑创业或已经创业的人，以及正在就读设计系或已经工作的设计师。

图书在版编目 (CIP) 数据

创业与设计 / 尹亨建著. — 上海：上海交通大学出版社，2019
ISBN 978-7-313-22642-6

I. ①创⋯　II. ①尹⋯　III. ①创业—研究②设计—研究　IV. ① F241.4 ② J06

中国版本图书馆 CIP 数据核字 (2019) 第 277176 号

创业与设计
CHUANGYE YU SHEJI

- -

著　　者：尹亨建			
出版发行：上海交通大学出版社		地　　址：上海市番禺路 951 号
邮政编码：200030		电　　话：021-64071208
印　　刷：上海天地海设计印刷有限公司		经　　销：全国新华书店
开　　本：710mm×1000mm　1/16		印　　张：10.75
字　　数：162 千字		
版　　次：2019 年 12 月第 1 版		印　　次：2019 年 12 月第 1 次印刷
书　　号：ISBN 978-7-313-22642-6		
定　　价：69.00 元		

版权所有　侵权必究
告 读 者：如发现本书有印装质量问题请与印刷厂质量科联系
联系电话：021-64366274

前　言

　　2011年毕业于上海交通大学工业设计系的肖冰影来到母校，在恩师和后辈面前成功地发表了幼儿服装事业的演讲。她于2017年被《财富》杂志评选为未满30岁的成功人物。笔者曾亲自教过这个学生，所以非常认真地听了她的演讲。在竞争激烈的婴儿服装市场，她非常了解中国用户的不便，于是在新概念的销售方式中运用人工智能和大数据。

　　笔者认为她的成功在于新技术之间的融合，使新销售方式得到满足。史蒂夫·乔布斯也说："苹果融合了人文和技术，为人类提供了特别的价值。"如今是多样知识及技术互相融合的时代，这个融合创造出超乎想象的价值。

　　现在任何人都可以通过网络等途径轻松接触多种知识和技术信息，因此更容易融合。融合使相互间的协同效应增大。设计也可以通过综合不同知识与技术，发挥出远远超过现有价值的价值。

　　近年来，中国和世界各国都掀起了创业热潮。创业上的设计作用似乎倾向于商品美观和网络上使用的便利性，似乎只强调设计的功能性。笔者认为，在更大的框架下，设计可充分发展到服务或产品上，找出根源问题，合理解决，系统思考问题，然后可提供更新的事业创意。

　　创业和设计也提出新的构思，并根据现实具体化，向市场提供商品或服务，这种过程创业和设计都很类似。创业和设计的目的是向用户提供更好的商品或服务，说创业和设计过程相同也毫无问题。在这种背景下，笔者认为在创业的过程中需要有一本讨论"设计作用"的图书。

　　笔者作为中国、韩国、日本三个国家的实际事例体验者，在这本书中分析了创业过程中设计的作用。这本书是向创业者或设计师介绍在创业过程中如何有效运用设计，使其能够达到最佳效益的趣味图书。

目 录

第1章　市场中成功的设计

1-1　产品成功的三要素——简易性、趣味性、实用性

在市场上成功的产品都具备三个要素：简易，趣味，实用。简易性就是帮助顾客们尽快达到他们的目标。比如，咖啡机制作咖啡的过程。在咖啡机上放好咖啡滤纸，再放咖啡粉，然后按"开始"键，咖啡机自动会帮你做好咖啡。

在之前制作咖啡需要学会很多复杂的步骤。相比以前，确实省略了不少步骤，变得很方便。使用方法简单的产品在市场上的成功率很高。现在很多消费者需要的东西就是不麻烦的。

传统的咖啡机　　　　　　　　新上市的罐装型咖啡机

　　可以轻松简单地拿到制作好的咖啡的咖啡机一度是热门话题。于是，咖啡胶囊出现了。咖啡胶囊就是装有咖啡粉的胶囊。现在，把胶囊放在咖啡机里，然后按下"开始"键，就能轻松地享受一杯美味的咖啡了。用完的胶囊会自动被处理，这样人们就没有清理咖啡机的负担了。

　　这与以前的咖啡机相比又方便了许多。以前的咖啡机需要每次洗好咖啡机的水壶，现在不用这样做了。咖啡胶囊还有许多不同的味道可以选择，这使人们感到有趣。新的"简易性"和"趣味性"都提供给顾客，对每天在寻求新事物的顾客来讲，这是很优秀的产品。

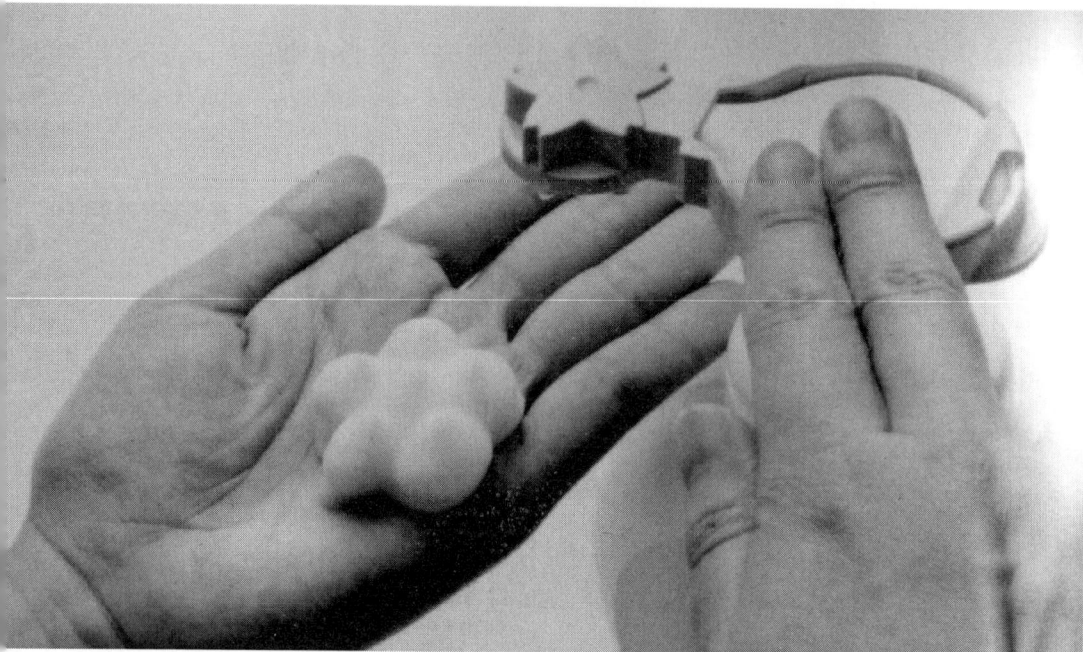

种出花模样的泡沫洗手液

　　这是洗手液。将把柄往下压就会出现泡沫，是很常见的产品。但这款清洁剂的泡沫是花朵形状的，就令人感到很有趣。孩子们肯定会想再试一次。洗手的时候，大人、小孩都会跟其他人一样分享快乐。同时忠于基本的目的在"实用"方面也很充实。通常，清洁剂会以这种想法进行改革，开始在市场上具有竞争力。为了在市场竞争中获胜，必须检查一下"简便""趣味""实用"这三个要素是否在你的产品中。如果没有的话，就要思考。要强调哪个要素？提出新的想法是不容易的。但是，如果你一直努力考虑这一点，我能保证就会发现意想不到的"简便""趣味""实用"。

1-2　精心设计外观才能赢得市场

不知不觉间秋色浓了。清早吹来的风，感觉凉快无比。这时候我们不由得想起酒来。

几个男人聚在一起，我想最高兴的事情应该是喝酒。酒是人际关系中的润滑剂，帮助我们敞开胸怀跟人沟通。从韩国烧酒的外观设计来看，酒瓶的样子都长得差不多。不懂韩语的外国人很难分辨出各个不同品牌的烧酒。只凭品牌的名字来区分品牌在设计上算是新手。

韩国烧酒瓶的标签设计都相似

在相似的设计上，要进行市场营销。因此，需要用广告文字和代言人来区别，这需要投入大量的费用和精力。在市场上新推出的酒让顾客很难接受，因为它们的区别并没有大到能让顾客分辨。

日本酒瓶设计非常感性，酒味好像很柔和

这是日本一个地区的清酒。因为是地区，所以没有品牌，也没有知名度。但是这种瓶身设计的话，你不想买一瓶吗？这样在外观上也好看的，就不想尝尝吗？

良好的销售额与设计标准有关。虽然销售总额的好坏不能以设计来决定，但如果设计独特，就能刺激顾客的购买欲。完全不能让顾客有购买欲的设计不是好的设计。给消费者带来好感并印象深刻的设计才是很好的设计。

在营销业里，设计是最不花钱但是最有效果的方法。如果新生品牌以其他公司已经采取过的方式进行营销的话，在市场上会被顾客渐渐淡忘的。因为比起许多强大的品牌，新生品牌完全没有竞争能力在市场上生存。新生企业要大胆地进行专业化。价格、质量、品质、销售方式，都是很好的营销方式，但要用设计来专业化。不要盲目地去减少成本，在一定程度上需要进行专业化投资。

即便如此，最终费用并没有多少差异。即使稍微有些差异，把投资设计的钱当做营销费用，反而是便宜了很多。以新的设计来让消费者记住，那效果就会非常显著。

老板都知道，良好的设计是提高营销力量和品牌质量的头等功臣。如果老板们想在市场营销中取得成功，就必须勇于挑战。要以新概念的设计来挑战，只有这样才能在市场上取得成功。

1-3 很容易看懂的设计能成功

不好用的产品会引起人的失误，这些失误会造成伤害。如果电热水壶的插头很难拔出来，这时要过度用力拔出来的话，那水壶里的热水很有可能烫伤顾客的皮肤。

在以前这种问题算是"用户的使用方法不妥当"。现在不一样了。因为现在各国都有关于消费者的法律，因此这种问题被看做"不良产品"。以前消费者只有查明产品的问题才能在法律上获胜，但现在企业必须证明相关产品没有问题。以前的观点是"人会惹出问题"，现在"所有东西都有可能会惹出毛病"。

好的设计应该美丽，像"美丽"一样重要的还有"便捷性"。要看使用方不方便，使用不方便的话，顾客就不会去用了。

设计比起装饰品更应该是实用品。像挂钟，只需要动手换电池或在一年中擦拭一两次，但手机、枕头、眼镜、鞋子、衣服、笔、餐具、背包、笔记本电脑、椅子、桌子等产品是我们每天都在用的。这种产品无论它有多漂亮，如果使用不方便显然我们不可能会去用它们。

使用不便的产品可以通过观察用户在各种情况下使用的苦恼来了解。

用户使用了不便产品，开始对厂家会有情绪上的不满。厂家应该立即察觉到这一不满。如果知道问题，修改是很容易的。在市场上受欢迎的产品都有彻底的防范方法来缓解用户情绪上的不满。

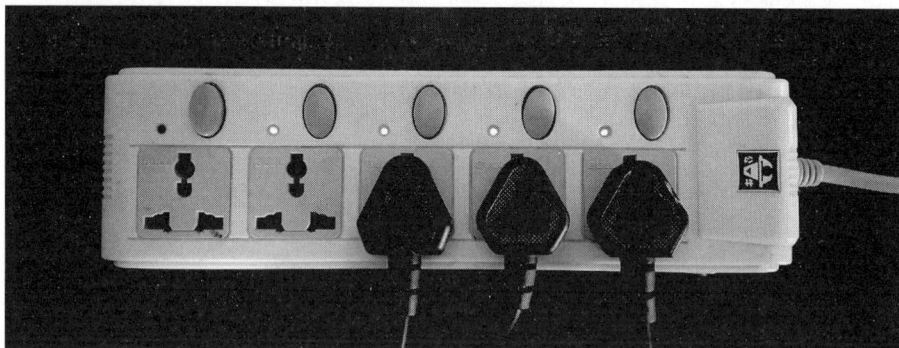

电插头没有任何标识，用户就无法知道用途

　　如上图，这是电插座。形状相似，颜色都是黑色的。如果像照片一样多个插头插在一起，就不知道哪个是什么产品的插座，要跟着线寻找才知道。所以，需要把产品做得容易让人看懂才行。方便使用，首先要让人容易看懂。

　　让用户凭直觉了解使用方法是关键。如果用户能一目了然地看到自己想要的东西，那就是最好的设计。可能会引发故障的设计，用户使用时极有可能会引发事故。有事故必有纷争，这样的设计只会给企业带来灾难。

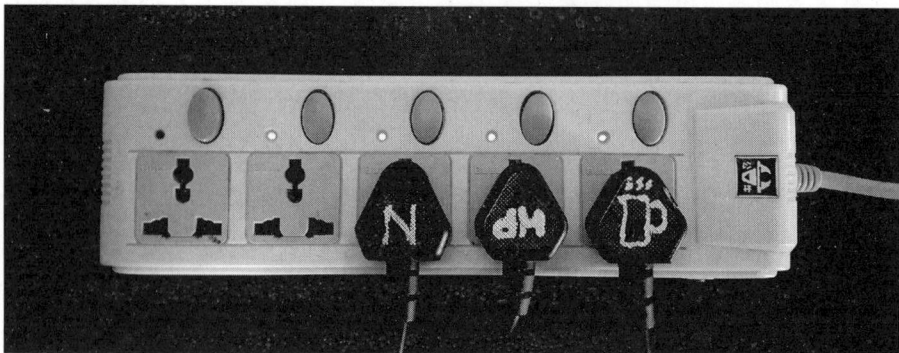

有标志的插头就很容易被辨认出

设计的第一步骤，首先要考虑用户能不能一眼就懂这个产品的使用方法。上图是作者亲自用笔来标记的。N 是笔记本电脑，HP 是 HP 公司的打印机，最右边的是电热水壶。

这样标记什么是什么，就能轻易地认出来，一眼就懂。这种琐碎的东西也是设计。这样的设计在市场上会受到欢迎。如果把小小的关怀放在产品上，你的产品将会受到市场的欢迎。

1 - 4　追求内在价值的产品会成为长寿产品

笔者在日企工作时曾经做过一个项目。日本制定垃圾分类法后，从1993 年开始实行了法律。每个家庭都需要根据日本 47 个行政区的不同法律进行垃圾分类。日本全国上下对垃圾分类有少则二分离、多则七分离的法律。

大多数县采用了四分离法。自从立法以来，日本的所有家庭按照法律规定的垃圾分类法买下了分类垃圾桶。笔者亲眼目睹了按照这种法律制造出的新概念产品卖得飞快。

笔者设计家用垃圾桶时，提出了各种创意，觉得比起用手去打开垃圾桶，用脚踩下就可开盖的构造更合适。问题在于，只制作一个盖子再分离内部，还是各个部分都制作盖子？对于这个问题，委托方和客户持有不同意见。委托方觉得如果每个部分都制作盖子，需要的生产成本会上涨，存在困难。

世界上大多数垃圾桶只分离了内部，并且只有一个盖子和一个踏板。委托方要求在保持原构造的基础上只设计更加精致的外观即可。笔者对专门过来委托设计的客户提出，未来，消费者将会倾向于选择更加便利的和干净的，因此每个部分要是有独立的盖子会更好。双方的意见始终没能达成一致。最后，为了解决方案决定调查访问一些家庭。前后调查了 100 个家庭。主要调查了目前使用的垃圾桶存在的不便之处，厨房内部构造，垃圾桶摆放的位置，以及投放垃圾的行为。

笔者参与的分类垃圾桶设计——根据需求可踩下不同的踏板

**正因为有两个盖子，在丢垃圾时不需要确认垃圾桶内部。
在垃圾桶两侧有把柄，可挂上塑料袋丢弃空瓶**

　　调查可以帮助我们决定。用户倾向于选择更加便利和干净的垃圾桶。倾向采用两个踏板、两个盖子的构造分离垃圾桶内部。尽管其成本高出委托方所提出的 10%，但上市后，供不应求。

　　在厨房做家务的主妇在丢垃圾时不太愿意看到脏东西。原有的垃圾桶不得不需要确认内部才可以丢垃圾，但是本设计省略了这一步。

　　在降低生产成本的同时去设计简直是锦上添花，但是比起它更重要的是，尽管增加一点成本，选择能够给用户带来更多便利的产品才是正确的选择。一个设计能够提供生理和心理上的便利才最有价值。

1994 年生产，一直销售至今。笔者在日本当地超市进行的拍摄

　　尽管价格有些贵，但是这种便利的价值一旦得到认可，值得花费购买。这个产品在 1994 年出产还销售至今。使用价值优秀的产品得到 20 年以来人们的支持。一个产品能够在市场上存活 20 年以上具有相当大的意义。一个产品的生命取决于给消费者带来什么样的价值，大多数产品都无法在市场上存活一年。

因此，有必要去追求每个产品的内在价值。找到这种价值后再去设计会打造生命周期长的产品。

1-5 在产品设计中融合当地文化

一位找到工作的中国徒弟在中秋佳节之际拜访我。在韩企工作的他看似有很多话要跟我说。他带来了一箱牛奶。韩国学生一般会送果汁，笔者第一次收到牛奶。

收到中国徒弟的牛奶后，才知道，原来在中国还会把牛奶当做礼物。后来去了超市留意到有各样的牛奶一箱箱地摆在超市。

整箱陈列在超市中的各样牛奶

以我的常识来看，像牛奶这种食品类的礼物易坏，不适合作为礼物。但是，这是在中国颇受欢迎的礼物之一。完全密封的牛奶，其保质期为 6

个月。一箱牛奶的价格是 50~80 元。作为礼物并不是那么昂贵，加上它的体积大小，正适合赠送。

中国人从小把牛奶当做健康食品来看待。成人在日常生活中也会把牛奶当做健康饮品来饮用，并且会作为礼物赠送。曾经有中国的游客喝了韩国 B 社的"香蕉牛奶"后，不禁赞叹"真棒！"霎时间，消息传开了。中国人回到本国后开始找起了香蕉味的牛奶。

B 社在它意想不到的地方获得了爆发性的需求。没有比这再好不过的事情了。光凭代购的一两箱绝对无法满足中国的需求。

中国市场的"香蕉牛奶"品牌

在那时，笔者接到了来自 B 社"香蕉牛奶"上海分部的电话。来电说，想讨论有关中国型的设计。就这样展开了市场调查，发现已经有很多中国企业设计了类似的包装，甚至在包装上一模一样地设计了"香蕉牛奶"的韩文字样。然而它的价格比起韩国 B 社来说相当廉价，瞬间成为市场竞争者。好不容易得到的中国市场，是否能够维持下去也是个问题。

正因为市场调查，B 社错过了最佳机会。中国企业都在把这种牛奶礼品化销售。中国企业都明白牛奶是个"非常不错的礼物"，完全无法和单卖一两个相比。

虽然被邀请做其他部分的设计，但笔者反而向 B 社提出建议，尽早设计一个符合中国文化的礼物型包装。过了不久，以当时在中国受欢迎的韩国艺人为代言人制作了产品包装。

中国某超市，进口处的商品摆放着"香蕉牛奶"

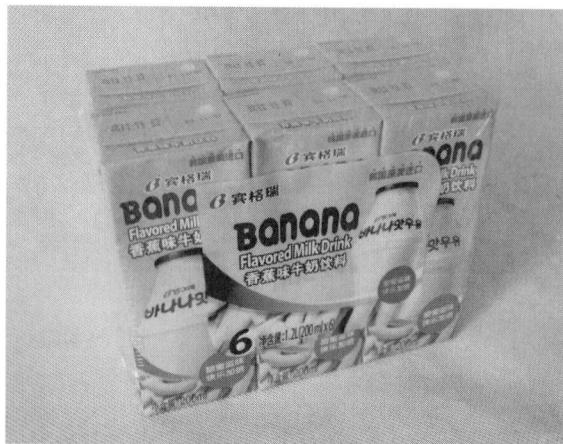

韩国 B 社的"香蕉牛奶"被透明的塑料所包装着

韩国艺人李光洙为代言人设计的外包装箱

当时，以韩国艺人李光洙为代言人设计了外包装箱。要知道当地的文化才可以知道从哪儿着手。如果一直安于现状，会导致捡了芝麻丢了西瓜，不知何时被淘汰。如果进了某个国家，就要了解当地的文化，然后再把自己的最佳优点融合进去才能达到协同效益。

希望作为经理的您，一定记得仔细揣摩自己所卖的产品和所处国家的文化之间有什么样的联系。

1-6　只有理解科学原理和市场变化才会产生新的产品

当我们在公共场所听音乐和看电影时会使用耳机。当耳机中发出的声波通过耳朵的空气进入耳膜，大脑开始进行识别。

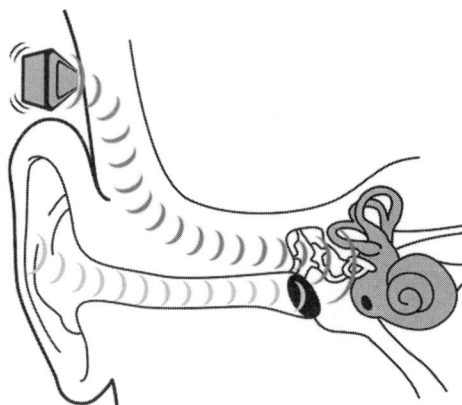

音波通过骨头传播的"骨导"耳机原理图

利用声波通过骨头传播有骨传导 (Bone Conduction Technology) 的耳机，声波会通过骨头以振动的方式传达到耳膜，大脑就开始识别振动信号。如果说原有的耳机是以空气为介质，骨传导耳机则是连接到耳膜，以骨头为介质。记得在小时候，用线连接两个纸杯传话。两个杯子之间的距离为四五米，声音能通过此线传递。

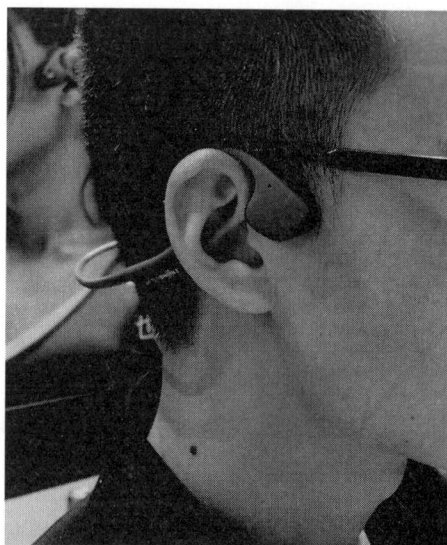

与现有的耳机风格相似的骨传导耳机

虽然根据媒介的性质，声波传递的效果不同，但是声音能够通过介质传播本身就是个非常神奇的科学发现。

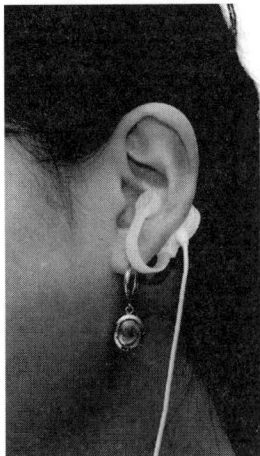

耳环式的骨传导耳机　　　　　　　墨镜风格的骨传导耳机

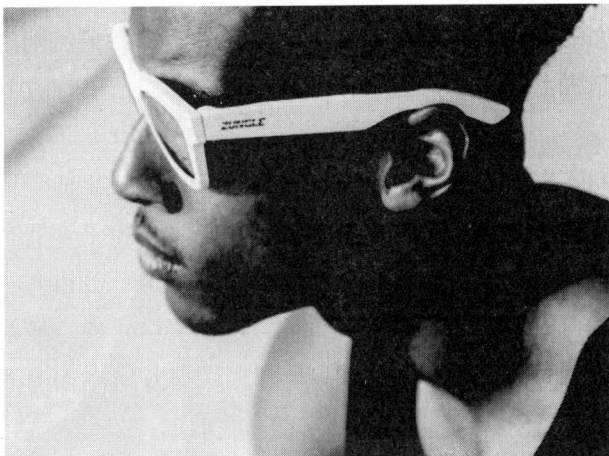

新产品的原理就是骨传导。运用这种原理，三种风格的产品接踵而至。第一种和现有的耳机风格类似，接下来是耳环式的，再后来是墨镜风格的耳机。

如果说现有的耳机完全隔绝了外部声音，骨传导耳机则无须堵住耳朵，同样可以听到其他声音。这和现有的方式截然不同，长时间戴在耳朵上也不会感到太大的负担。由于可以同时听到外部音，可以使人认知外部的状况，能给人带来安全感。这就是所谓的差别，或者说优点。

首先制作了和现有的耳机类似的骨传导耳机，接着制作了耳环式的，然后制作出了墨镜风格的耳机。虽然原理相同，但它们是风格各异的产品。

最先把产品在市场上市的公司，肯定是和现有的产品进行了大量的对比，为了取得更好的效果而思考了不少。在那之后，很多公司在和最先上市的公司产品相比较又策划了一个个新产品。

根据各种各样的市场情况，风格完全不同的产品诞生了。市场情况又会变化，要提前想好对策，方案才会有利。

独一无二的产品就是利用新原理制造新的产品，然后根据市场需要不断地准备新产品。完全新概念的产品只要理解科学原理都有可能诞生。如果您试着去寻找,那么会在意想不到的地方发现宝贝。

1-7 有特别功效产品的设计

在人类自主神经中,如果轻微刺激副交感神经,身体就会变得舒适。用热水入浴和轻柔地抚摸身体,皮肤的副交感神经会迅速地活动,从而使体温上升,使身体变得很舒服,这对缓解疲劳和改善睡眠有很大的帮助。

带有电磁波的纤维制作的运动衫(来自 venex 网站)

利用释放电磁波的原理做成的纤维可以来制作成各种衣服和多种的脚

脖套、手腕套、颈套、眼罩。无论是在办公室内办公，还是在休息中，这种纤维对皮肤给予轻微的刺激后使血流速度加快从而使人得到良好的身体状态。笔者了解到可以释放出这种电磁波的纤维后很是惊讶。

　　但是真的可以这样吗？笔者也有过疑问。但是经过体验后，感觉实在是太神奇了，不得不信了。

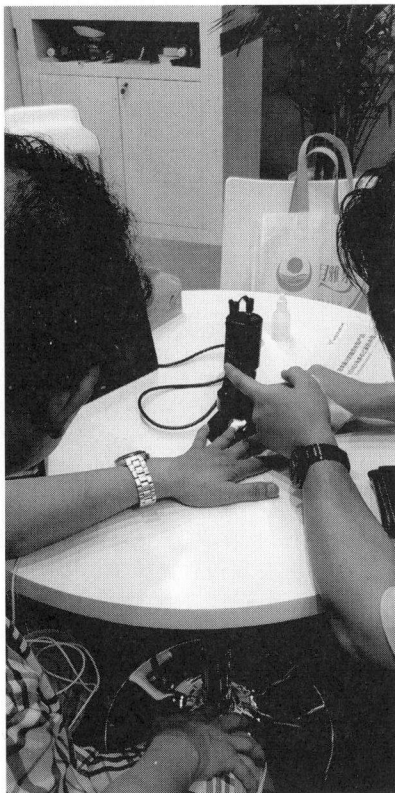

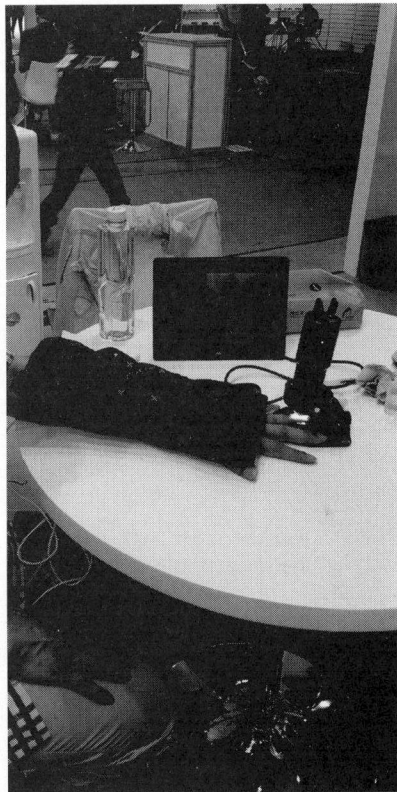

笔者的血流速测定中　　　　　　在笔者的手臂上盖上了特殊纤维测试

　　老板用显微镜直接观察了笔者指甲上的血流，将特殊纤维盖在手臂上，观察血流加速的状况。笔者通过显微镜看到后为之感叹。

　　通过这样的实验直接进行体验我不得不信了。为了取得信任，必须对所有的用户做这样的实验。把这样的内容做成小册子进行说明，更有特色的是在书中放有样品来进行宣传和销售。

漫画和各种图表容易看明白，更有信赖感。无论多好的产品，如果不能更好地说明表达，就还是一款失败的产品。设计的另外一个目的就是要向顾客传达好产品的特性。

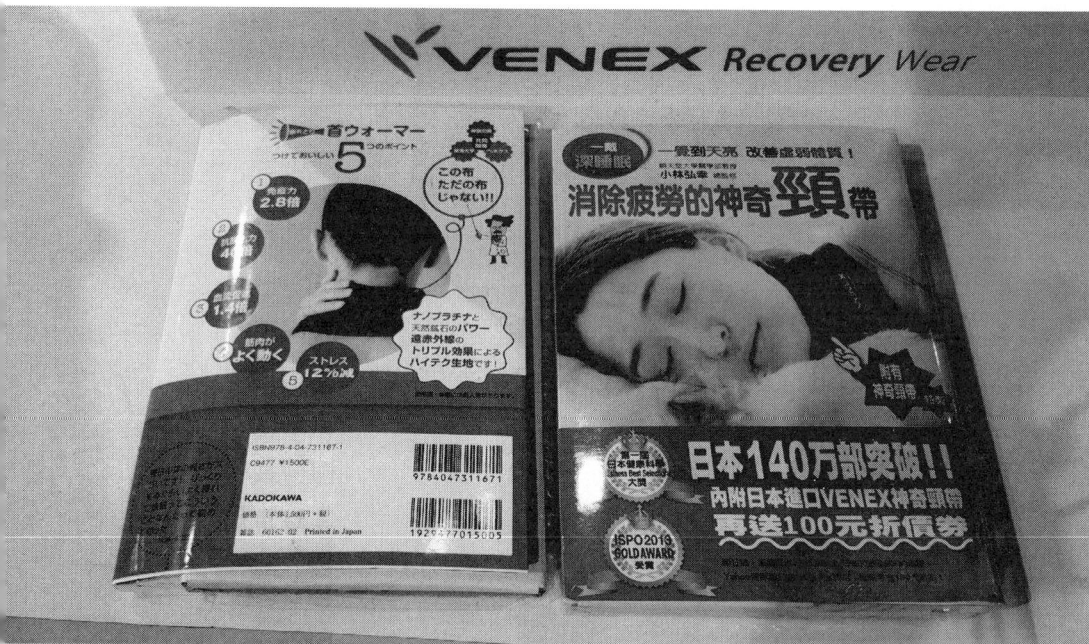

对产品的特性用漫画的形式进行说明的图书：在日本销量突破了140万册

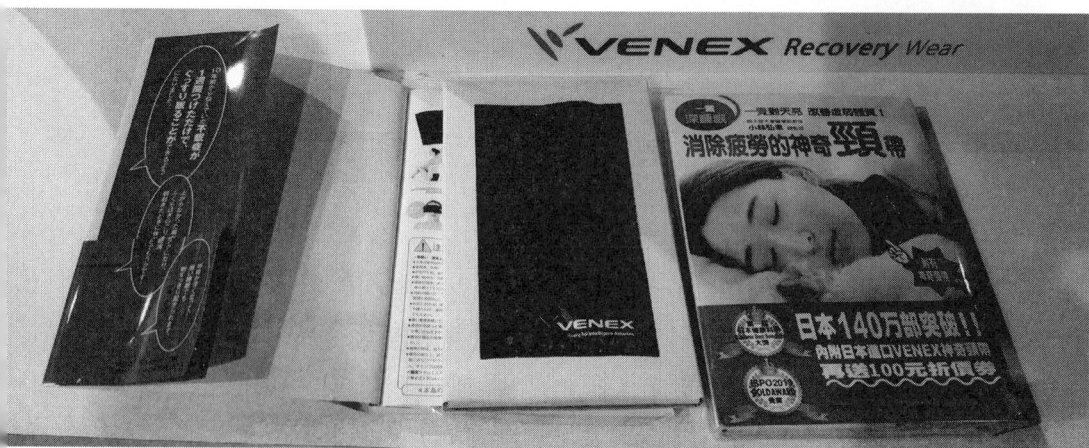

对产品的特性进行说明的图书中放了样品

从外表上看就是一般的运动系列，普通的带子而已，对具有特别效果的产品如何让顾客了解成为其重要的目的。

消费者虽然对新产品很感兴趣，但如果介绍不清楚，将无法知道这是什么功能的产品。

有一本书，专业医生以漫画形式说明产品的优越性，书里面有样品。书价为 1500 日元，该产品为 3000 日元，放入书中的样品会比原有产品的质量稍微差一些。使用一次后，只要消费者满意就可以购买相应产品。比起购买产品的价格，买书和样品的价格更便宜。据说，今年来，这本书的销量已达 160 万册以上。这种营销策略让人产生一种绝妙的感觉，设计师应该熟识这样的营销策略。

具有特别效能的产品想要广而告之，老板和设计师需要从最开始就做这样的企划。

1-8 不断地解决问题，才能设计出更优秀的产品

笔者所在的上海，夏天连日 37℃、38℃是经常的，超过 40℃的天也会有。如此炎热的夏天在大街上行走就像在蒸笼里一样使人无法呼吸。

在这种炎热的天气里，反而有人穿着长袖。因为空调太凉了，所以这是为了避免空调病而采取的措施。但是只能在室外工作的人要忍受酷热。为了满足此类人群"稍微能凉快一点"的需求，市场上出现了各种各样的产品。

在这些产品中，便携式风扇很显眼。用户携带手掌大小的电风扇，随时向脸部、颈部等身体部位吹风。

便携式风扇可吹干面部汗水，可减少化妆变花的情况。长时间坐着的

学生们也比较需要这种产品。在城市中心，一只手拿着手机、另一只手拿着电扇的人随处可见。

可以拿在手里的便携式小风扇（图片来自韩国 NAVER）

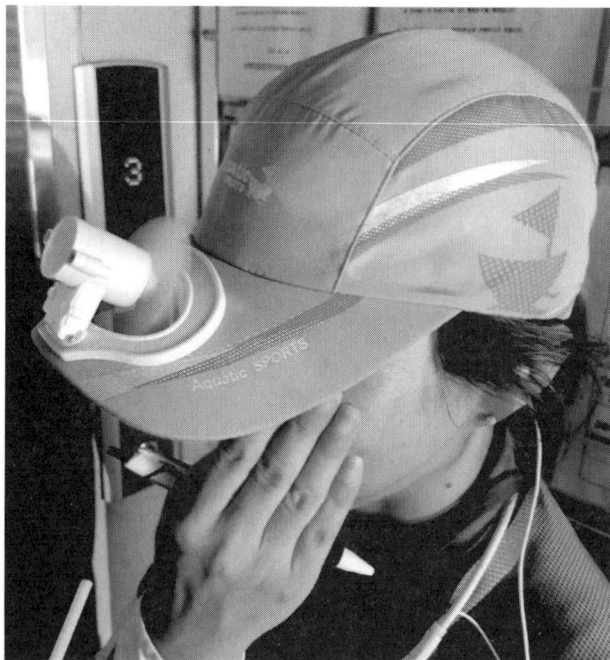

在帽檐上安装了迷你风扇

这些人不能自由使用双手，想打电话可不是件很方便的事。因此，有些人将其中一个戴在脖子上。

对于在室外用双手工作的人来说，便携式风扇要放置在哪里是个问题，所以不是一般的不方便。在蒸笼似的酷暑中工作的人需要一款能消暑的舒适产品。

有一款帽子的帽檐上安装了小小的风扇。在帽檐处直接吹风使"面部更加清爽"。但是，用户说"这也使她的眼睛变得很干燥"。在帽檐上贴上电风扇是好主意。因为至少一只手是自由的。但发明者对于"眼部会很容易变干燥"考虑过吗？

恐怕没有。如果预想到了这个问题，设计出来的送风的地方应当可以防止眼睛干燥。开发时没有预想到的问题发生了。所以持续的研发是有必要的。研发开始时会很轻松，但需要同时从多方面考虑，集中一两个核心重点研发才能完成。这是设计研发的基本。

认识到问题并解决问题就是设计。解决的时候，可能会产生意想不到的问题，那么还需要继续解决。这才是产品开发的真正道路。

因为这个缘由，这个世界才不断地出现新的产品。

1 - 9　蕴含大众文化的设计

在上海街头正在宣传一款新酒。拧开盖子之后，盖子内部的杯子会自动脱落，与下面的酒混合为一体。

笔者瞬间想起了韩国的炮弹酒。这是来源于德国的一款酒。

一提到代表韩国的酒，外国人都会联想到炮弹酒。中国人提到韩国的酒，也会连声叫好"炮弹酒"，并竖起大拇指。在喝韩国炮弹酒时，您会看到独一无二的珍奇表演，从而留下很深的印象。

拧开盖子后内部的杯子会自动脱落的酒

在啤酒内混入烧酒即为韩国炮弹酒（图片来自韩国 NAVER）

　　韩国炮弹酒就是在啤酒内混合烧酒或者洋酒。既简单又多样的炮弹酒制作方法是举世闻名的。比起炮弹酒的口感或效能，像变魔术一样的制作方法更令人感叹。最初想出这个方法的人真的很了不起。

在啤酒中放了洋酒的韩国炮弹酒（图片来自韩国 NAVER）

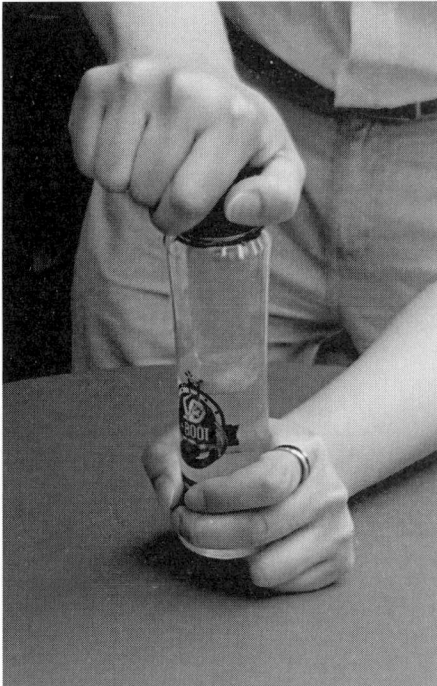

拧开盖子，盖子内部的杯子自动脱落

掉到下面的酒杯与其混合后再喝即可

在西欧，人们也喝鸡尾酒（混合酒），很适合结合甜品一起喝。再加上华丽的酒杯和各种装饰，它成了酒吧桌上的最美的花。酒吧服务生的表演也是鸡尾酒令人印象深刻的一部分。

韩国的炮弹酒是采用在啤酒杯中掉入烧酒杯或洋酒杯的方式。现在来看，人们都感到很不卫生，近来并不怎么推荐。其实炮弹酒的灵感来自跳水选手"扑通"的声音和入水的感觉，就像小小的酒杯掉入啤酒杯里的那种感觉。

被誉为"啤酒之国"的德国似乎也喝混合酒。混合的方式与以前的韩国炮弹酒很是类似。韩国和德国哪个是炮弹酒的元祖并不清楚，但是德国的造酒公司在中国进行推广试用的可能性大些。德国造酒公司以鸡尾酒的"简便"和"有趣"为依据设计开发出了新商品，开辟了另一个市场。

市场上消费者的反应固然重要，但首先要创意新颖。

如果从大众文化市场来考虑设计的外衣，就会诞生出新的产品。各个国家蕴含着很多大众的文化。给它穿任何设计的外衣都有可能成为商品。为了事业出国像回家一样频繁的老板们，如果把研究和设计的目标放在大众文化上，可能会意外地收获成功！

第 2 章　消费者就是答案

2 - 1　在消费者的视野上找出新奇的设计

我们现在生活在"个人"的时代，生活在"个人"的生活中。因此，进入厨房，独自一人做饭的情况越来越多。无论男女，在厨房做些料理是理所当然的事情。

做菜的时候必须用的是刀。刀的种类也很多。能把骨头切成薄片的厚厚的中国式刀，能把里面的小肉抽出来的尖利的刀，还有果刀、生鱼片刀和多用度刀。一套刀有四或五把，还包括剪刀、刀片和刀鞘。

购买刀具时，刀鞘是理所当然的必需品。

下面的照片是刀鞘，刀鞘有缝隙，刀的家就在那小小的缝隙里。这很有可能是从文化的习惯中演化出来的。从古代开始，无论在厨房还是战场上，刀都是守护生命的工具。特别是在携带刀的时候，刀鞘是必需品。从数千年前开始，为了保管刀而把它放进缝隙里的行为成为"文化习惯"。对此，谁也不怀疑，都直接接受了这种行为，还为了熟悉这个文化习惯而进行训练。

在厨房里完成工作后，把刀子插进刀鞘里的时候，把刀放进小缝隙里是件令人烦恼的事情。尽管肯定会有更容易的方法让刀进入那缝隙里，但这已经成为一种习惯——人类打不破的习惯。所以很少有人敢于打破这个想法。

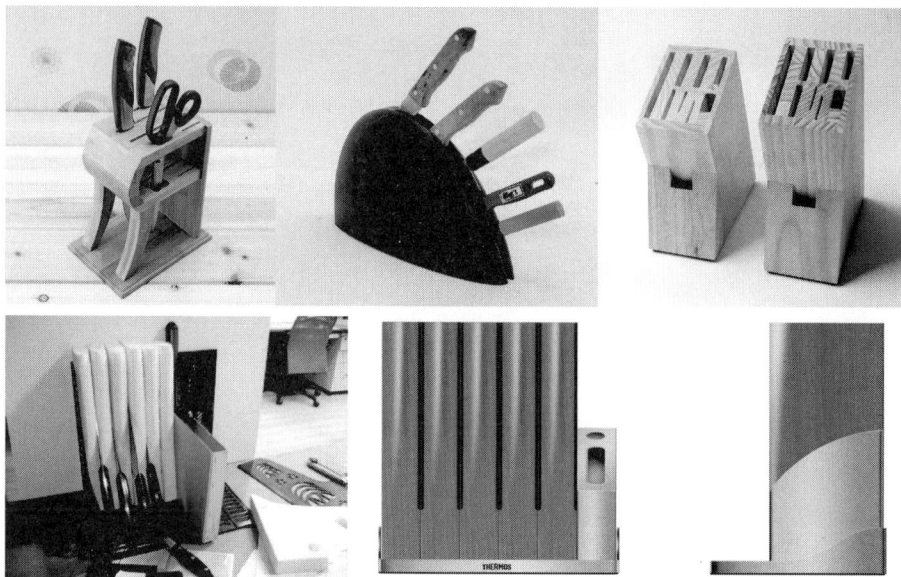

上面是一般的刀鞘，下面是作者设计的刀鞘

　　设计师是一个大胆的打破这一切的人。人类是为了更舒服的生活去发展。但是，很多时候"文化习惯"阻碍人们创新。人们想的反而是怎么才能更快地适应这种"文化习惯"。

　　为了创新设计，第一点是"重新看问题"。这种"文化习惯"是否舒适合理？我觉得这是不舒服的。您想尽快完成工作早点休息，但是在放刀时需要注意刀子的缝隙，这往往会费心。这时您可以考虑如何更安全、更简便地放置它。问题明确了，接下来解决就行。虽然有很多方法，但只要坚持下去，就肯定能找到更简便的方法解决问题。这时候需要的就是专业知识，所以需要一个敢于突破陈规的设计师。

　　上侧照片里的设计是很常见的，下侧的是笔者设计的作品。如果对把刀放在刀鞘里的方式进行调查，就可以进行这样的设计。想到要摆脱文化习惯，那么肯定会有一个新的设计的时机。如果您站在用户的立场，就一定能想到的。创新首先是从别人没有做过的方式开始的。为了做到这一点，有必要彻底打破现有的观念，并颠覆现有的概念。这样的设计师可以通过创新设计改变世界。

2-2　先找出消费者的内心需求

代表韩国的企业，S 公司在短短的几年里推出了有趣的产品，受到了好评。这个产品是根据人类的感性重新设计的。

电磁炉的原理是使电磁炉上的锅热起来，但电磁炉本身却不会热。这是一个创新的产品，彻底改变了煤气烹饪的方式。在气体氧化的过程中产生的一氧化碳对健康不好，但没有一种可行的对策，只有通风。在这种情况下，电磁炉是一种新的选择，是一种创新。

电磁炉上的锅开始沸腾了，但电磁炉本身却不热。
可以把手放在电磁炉板上

电磁炉的表面是平平的强化玻璃。烹调时，溢出来的食物也可以轻易擦掉。在简单地烹饪的同时，平坦的钢化玻璃也很容易地解决了卫生和清洁的问题。在室内装修的视觉效果上也有不错的表现：大多数厨房洗涤槽都是白色的，黑色的电磁炉更加突出了厨房的精练美。此外，火力也不错。

在以前，人类做饭的最基本的欲望是为了"填饱肚子"，现在是"吃好吃的东西"或者就是干脆享受烹饪的过程带来的喜悦。煤气烹饪机是看摇晃的蓝色火焰来判定火力的大小。但是电磁炉并不是那样。人们不能用眼睛确认火力的大小。但对这些事，谁也没有意识到问题。

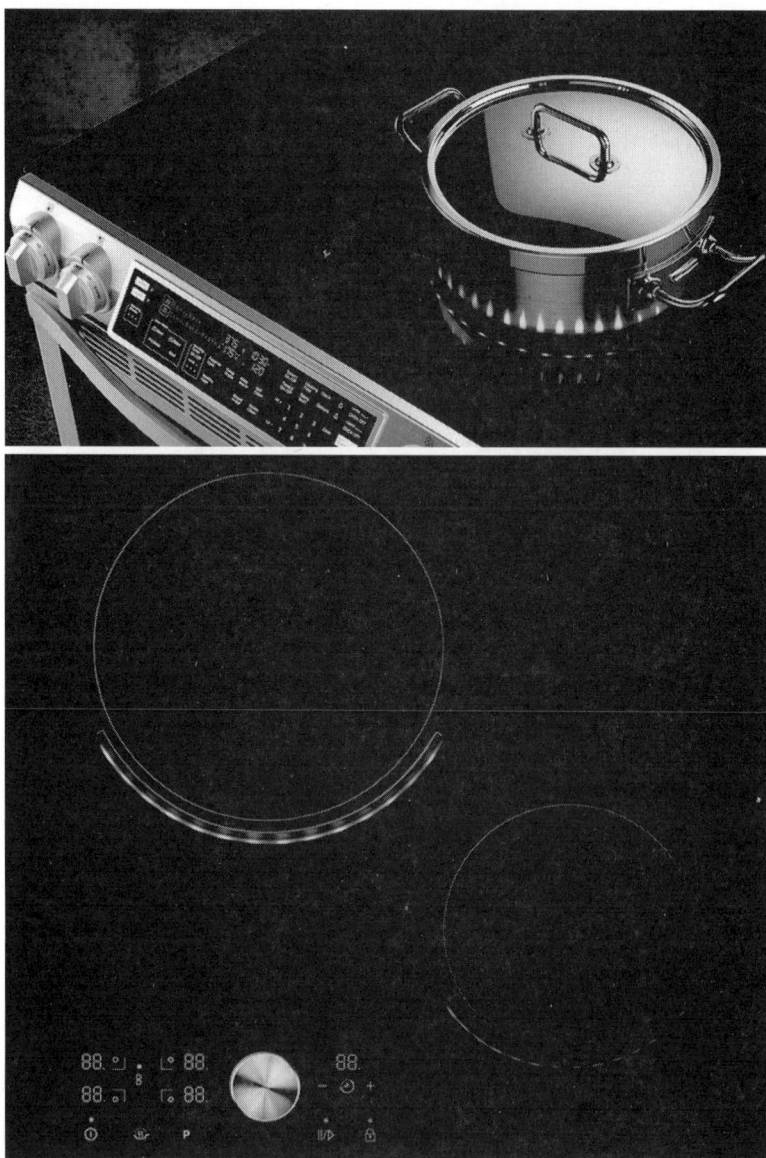

把假火花投射到锅外，使锅像在真正的火上一样

S公司直觉地、感性地解决了这个问题。把假火花投射到锅外，使锅像在真正的火上一样。他们用设计让产品产生了视觉效果，制造了感性的结果。当然也在市场上取得了成功。

把假火花投射到锅外，使锅像在真正的火上一样

无论是产品开发还是设计开发，都要从"寻找消费者内心的欲望"开始。消费者有自己想要的，但却很茫然。他们不善于表达，也没法找到合适的对象去表述自己的需求。但是公司必须找到消费者模糊的内心欲望，并帮助他们明确地定义这一点。这就是产品设计开发的第一步。解决问题的方案根据各公司的情况而有所不同。

有的人说："因为是韩国的 S 公司才可以用技术来体现，我们不能做到。"我能充分理解。但是，如果把别人的事当作不关己的事情，您能期待什么样的发展呢？

产品的开发首先要寻找消费者的"内心欲望"。没有找出消费者的隐藏欲望，就开始产品开发、设计开发的话，创新的产品是很难出现的。找到隐藏的欲望是开发项目的第一个任务。如果任务明确，开发部门就能获得动力。

创新产品设计的开始是"先找出消费者内心的欲望"。

2-3 想成功，就要懂得市场和消费者心理

笔者曾多次提过，中国市场不同于韩国、日本、美国和欧洲市场。社会上曾一度风靡"最像韩国的东西，就是世界性的东西"这样的观念。模仿成就不了成功，因此在研究过程中，我们会主张选择只属于我们的东西。我们在坚持自己的东西的同时，又期望着追逐世界的主流。

但追逐世界主流只会在韩国的市场、面向韩国的消费者时才会有可行性。在世界市场上，要在产品中承载自己国家的文化习俗。再好的产品，如果不符合本国文化就会受到世界市场的抵触。只有提前规避这种抵触，产品才会得到欢迎。

好的设计是在设计中加入讨喜的因素。不同的市场有各自的独特性，只有满足了消费市场的消费者心理，才会是一个好的设计。

左边是 2009 年在中国上市的 TOYOTA 的小型车型 YARIS，
右边是一年后将设计改为中国风的 YARIS

2009 年，日本的丰田为了进军中国的小型车市场而上市了 YARIS 汽车。这款汽车兼具了性能、安全性、设计感，因此在日本、欧洲和北美早已风靡市场，同时也在中国市场上备受期待。但意外地，它在中国市场中完败。

当时，丰田其他车型早已在中国有着很高的销量，丰田的品牌在中国也有性能高且稳定的良好口碑。因此人们预想 YARIS 也能成功地打入中国市场，销量至少达到月 1500 台。但实际是连月 600 台都没有达到，因此，在中国上市一年后把设计转变为右侧图案的样式，设计显得更为中性。

当时购买车的消费者有 80% 是男性，且大部分是得到父母的财政支持。但 YARIS 是有着可爱的特征和女性化风格的设计。尽管在日本，"可爱"是一个令人愉悦的形象，但在中国却是软弱的象征，这与中国的汽车设计拥有的结实坚固的阳刚形象截然不同。中国的男性消费者认为，开这款车像是"男人戴着女人的手表"，与注重面子和喜欢炫耀的中国男性的习性不符合。

就算是再有名的品牌，如果设计与目标国家的文化和消费者性情不符合，就不会取得成功。如果一开始就实行了右侧的设计的话，YARIS 就不会走弯路，而早就占据中国市场。

就算是世界有名的品牌，如果不懂市场和消费者心理就无从谈成功。希望各位老板们可以洞悉自己的产品是否符合目标国家的文化和消费者心理。

2 - 4 新用户创造新市场

市场总是在渴望新产品。所有企业在为了创造新产品而全神贯注。不能没有任何与众不同的想法和行动。可是，想要与众不同却存在诸多风险，而若想要和别人一样就会随波逐流。许多老板都会因此苦恼。

只有和他人不同，才能引起消费者的关注。在设计中这种差异化很常见。但是由于所有的设计都在追求这种效果，其结局是设计的效果还不如从前。

为了诱导购买，出现过于夸张的设计，反而会造成设计环境的污染，会引起世界性的"设计滥用现象"。

据说，近几年在韩国和日本小学的女生中出现了许多化妆的学生。另外，也有消息说男性像女性那样开始化妆的人也逐渐增多。现在的化妆领域已经不再是女性专有的时代，人人都可以化妆。这就是时代的潮流。在一定程度上能够过上安逸的生活的国家，化妆已成为男女老少无一例外的文化行为。因为爱美之心是人类的本性。

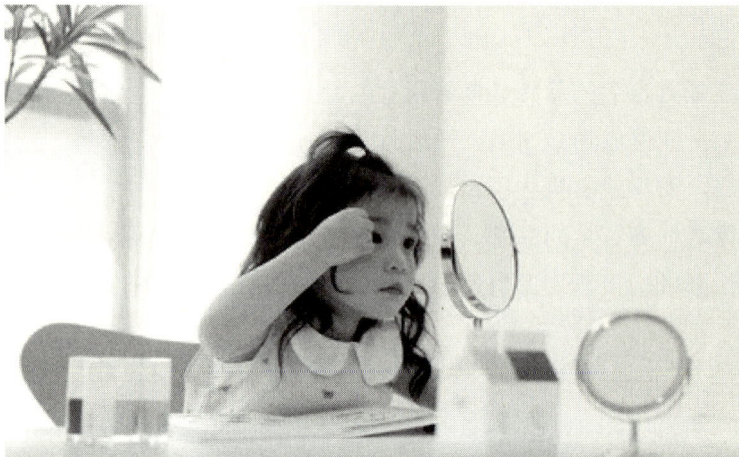

正在化妆的小孩子（图片来自韩国 NAVER）

笔者的女儿小时候也曾喜欢拿出妈妈的化妆品化妆。女儿非常正经地化着妆。在笔者眼中这样的女儿只是漂亮和可爱，但是这将意味着新的市场的诞生。

3～6岁的孩子会跟着妈妈化妆。他们模仿着大人，就像通过玩过家家学习社会和关系一样，通过化妆学习"美"。如同美术教育指导孩子的创意性和美一样，孩子通过化妆开始学习另一种美。

成人用的化妆品对孩子们来说会过于刺激，其色彩也不太合适。如果针对孩子的皮肤提供安全的化妆品，那将开辟一个新的市场。

随着时间的推移，市场一旦形成了饱和的状态，会重新借新的产品突破。在制造新产品的时候，我们应时常考虑用户的感受。时代变了，针对以往不会使用化妆品的阶层展开设计的话，可以收获不同的需求。

超越现有的用户，考虑其他领域的用户时，会开辟意想不到的市场。

2 - 5　用户的不满就是新概念

设计师往往不喜欢从属于别人，而希望掌握主导权。

在产品企划中掌握主导权的切实方法就是推出新产品概念。

如果是新产品，会有很多新技术在其中。那么新技术、新功能是如何诞生的呢？一般来说，对用户进行探索研究并作出提案以满足他们的要求是一种方式。

过滤器过滤时需要时间，需要提前接好水，
因此可以使用的水量是有限制的

笔者的家庭在中国曾经使用过像照片一样的过滤器内置型净水器。虽然买了矿泉水，但是因为对这种矿泉水不信任，所以要过滤一次再喝。在过滤器内置型净水器中放入矿泉水，通常至少等待 10 分钟左右。这 10 分钟怎么如此漫长！口干舌燥的时候，这 10 分钟更是让人坐立不安。

因此，不知从何时起，笔者不再使用内置型过滤器净水器。

如果在上述净水器中倒入水，水便会以从普通水壶里倒水的速度一样出来。它利用特别的技术提高了过滤速度。其他制造商看到这款过滤器认为不能制造出更方便的过滤器了，并要求用户忍受不便。

通过该过滤器出水的速度与一般水壶出水的速度没有太大差别

"要忍受这种不便"还是"要积极的解决问题"？根据此出发点会有不同的结果。问题很明显。使用比以前的产品更快过滤水的过滤器就可以了。这个是问题的核心。开发出这样的过滤器，再根据这个过滤器来设计净水器就可以了。

用户的不满是新概念的源泉。如果将其产品化，就会诞生具有竞争力的产品。

创造新概念的核心是"若用户有不满，公司应积极解决问题从而创造出新产品"。

2-6 失误是用户应有的权利

我在上海搬家到徐家汇后，独居的我为了身体的健康就想按时吃饭，每天早晚饭都做些好吃的。但是过了一年左右，笔者发现，在炎热的夏天进厨房做些什么料理来吃实在是件很麻烦的事情。

幸好离学校很近，不知从何时开始在学校食堂吃早餐了。今天吃什么呢？我朝着学校食堂走去。

中国大学的食堂也为退休的教职员工提供早餐服务，故每天早上都像白发老人的聚会一样，而且校外人员也同样聚到一起。校外人员无法在学校食堂吃饭，但是他们可以进到食堂向退休教职员、学生和在教人员借饭卡打饭，再按照使用金额付给他们现金。

上海交通大学食堂 笔者的早餐

今天我的早餐还是荞麦粥、萝卜干、煮鸡蛋和牛奶，是综合考虑过营养的。

选好食物后，拿给服务员小姐看了以后，计价器上显示了 4 元。瞬间愣了一下，"哎，昨天是 3 块 5 啊！"

即便如此我还是像着了魔一样拿着校园卡往上一放，随着"滴"的一声，4 元就这样飞了。刹那间觉得有点不对劲。

"粥多少钱啊？"

"2 元。"

"鸡蛋呢？"

"1 元。"

"萝卜干呢？"

"5 毛。"

　　实际上没有一次是一一问过价的，食堂也没在任何地方标有价格。总认为服务员小姐说的价格应该是对的，没有过任何的怀疑。服务员小姐露出一副窘迫的样子。一共 3.5 元，打了 4 元，多收了 5 毛。互相对视了一下，大约过了一秒钟。

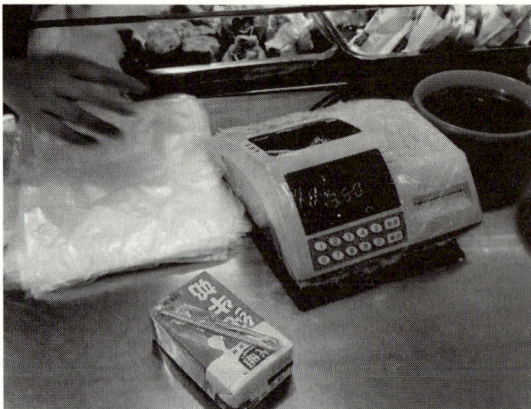

学校食堂的计价器只能结算，没有找零钱的功能

　　我随手拿了一个平时很喜欢喝的牛奶。

　　"这个也算一下。"牛奶 4 元，但计价器上显示 3.5 元。

　　她悄悄地看了我一眼，我也悄悄看了她一眼。我朝着她笑了一下。她目不转睛地看了我以后去忙别的事了。

　　她的内心是在微笑吗？还是……在想些什么？

　　"5 毛钱。"是它让我们在一瞬间有了晃动。

　　食堂的计价器只能结算，不能找零钱，此功能还无法进行调节。

　　老板或者设计师应当在"人都会失误、都会犯错误"的前提下做设计。在这种情况下，瞬间不重要的或没什么大不了的也会让人觉得很难堪。任何人都会失误的。失误是用户的正当权利。这个是理所当然的。

　　不考虑"有失误可能"的设计师，是连最基本常识都没有的设计师。

第3章　在创业中树立设计的价值

3-1　文化社会从有关怀的设计开始

"爸爸，你不要走开。"

"嗯，别担心，爸爸就在门口，能拉出来不？"

"不知道。"

带着三岁（按照中国年龄）的女儿出去玩。这是在公厕上大号时，由于不安而稍微开着卫生间的门，笔者对着孩子说"别担心，爸爸在这儿"时发生的对话。

幼儿们常用的坐式马桶（图片来自谷歌）

由于卫生间太窄，没法和女儿一起进去。一个人进到有几分黑暗的卫生间的女儿，通过微微开着的门害怕地望着爸爸上大号。通过稍微打开的门一边望着爸爸，一边大便。我一边安慰着孩子，一边为她能够痛快地排便而打气。

　　孩子在家一般用幼儿坐式马桶。孩子到了三岁左右时，笔者开始让孩子像爸爸妈妈一样使用一般的坐式马桶。但是由于成人马桶的空洞太大，不适合三岁儿童的尺寸，因此需要把幼儿套盖在上方使用。

　　在家可以想办法解决孩子的用厕问题。但是出门在外如果需要用厕，这会变得困难。

在首尔地铁卫生间一处，成人马桶和幼儿用马桶被放在一起

　　在首尔地铁卫生间，幼儿坐式马桶和成人用马桶被放在一处。孩子可以和妈妈或者爸爸一起上厕所。正因为监护人在身边，孩子们可以安心解大小便。

　　所谓关怀就是为别人的立场考虑，关怀造就一个使人活得开心的社会。有各种各样的人使用公共场所，为各种各样的人考虑并设计是理所当然的事情。其中，为弱者提供的关怀会营造一个美丽的社会，考虑到关怀的设计也会营造美丽的社会。没有关怀的设计如同带刺的玫瑰，看起来虽然好看，但是会因为被刺扎到而受伤。这样不方便，所以要谨慎。

　　通过具有关怀性的设计，进而了解某个国家的文化水平。具有关怀的设计使人感到方便，也令人感到放心。所以具有关怀的设计是社会的品格。用户会对这种设计表示感谢。有这种具有关怀的设计，说明有人考虑到关怀他人。具有这种关怀式设计的地方就是文化社会。

3-2　我们公司的设计理念是……

如果有人问您，你们公司的设计是什么的话，您会怎么回答？

"设计是钱。"好的设计是金钱，坏的设计是损失。

"设计是爱情。"好的设计受到喜爱，坏的设计毫无兴趣。

"设计是一个经营资源。"好的设计是资源，坏的设计是不必要的资源。

"设计简单。"好的设计简单，坏的设计复杂。

"设计很漂亮。"好的设计是美丽的，坏的设计是丑陋的。

"设计是方便的。"好的设计是方便的，坏的设计是不方便的。

"设计是沟通。"好的设计是沟通的，坏的设计是不沟通的。

"设计是品牌。"好的设计可以提高品牌价值，坏的设计则会降低品牌价值。

"设计是有效的。"好的设计是高效的，坏的设计是低效的。

我们公司的设计是□□

想想自己公司的设计概念

"设计是一种干练的东西。"好的设计是精致的，坏的设计是土气的。

"设计是关怀。"好的设计是关怀，坏的设计是自以为是。

"设计在全球范围内是通用的。"好的设计是世界上最好的，而坏的设计是不好的。

"设计是有创造力的。"好的设计是有创造力的，坏的设计是模仿的。

"设计是公司的脸。"好的设计是自己的脸，坏的设计不是自己的脸。

"设计是一种快乐。"好的设计是快乐，坏的设计是悲伤。

"设计是竞争力。"好的设计是有竞争力的，坏的设计是没有竞争力的。

"设计是市场营销的一等功臣。"好的设计是营销的一等功臣，坏的设计妨碍了营销。

"设计是有效的。"好的设计有效，坏的设计无效。

"设计是成功的道路。"好的设计是成功的道路，坏的设计是失败的道路。

"设计是一个综合体。"好的设计是整理好的综合体，坏的设计是分散体。

"设计是解决问题。"好的设计能解决问题，坏的设计则无法解决问题。

"设计是一种文化。"好的设计能创造好的文化，坏的设计创造不了文化。

"设计是一种责任。"好的设计是负责任的，坏的设计是不负责任的。

"设计是一眼就能认识到的。"好的设计一眼就能让人认识到，坏的设计就算多次在媒体出现也没有印象。

好的设计和坏的设计上的差异是显而易见的。

您得好好想一想您的设计究竟是在哪一方的。

3-3　去想"做什么才好"，去实践的才是设计

笔者在上班路上，时常会在中国的幼儿园、小学和中学校门口走过。在幼儿园门口，小朋友们松开爷爷奶奶、妈妈爸爸的手"拜拜"的样子真的

漂亮。

　　在小学校门口，学生和爷爷奶奶、妈妈爸爸分开的样子与幼儿园有所不同。这里的小朋友都会连头都不回，急忙地跑进学校。因为门口有检查校服和红领巾等的学生和老师。

　　中学也差不多。在校门口的两旁，有排成两侧的负责纪律的学生和老师，还有拿着盾牌和长棍的学校保安。这和同在上海的国际学校的学生上学路上的校门口氛围全然不同。

　　国际学校的老师和警卫会开心地迎接学生上学。若有迟到的同学，会询问因为什么问题迟到。一边是严肃的氛围，而另一边的气氛就像接待进入游乐园的顾客一样。

中国上海的某所学校，学生和保安在校门口迎接学生上学

　　看到美丽和便利的设施，我们可以感受到安定感。好的设计也是如此。设计并不是仅限于设计外观和颜色的领域。不是可以用眼睛看，用手去摸的物体才是需要设计的对象。能够给我们的生活带来影响的所有形态都属于设计。

在上班或上学的路上，从手持盾牌或电棍的人中间穿过，心情会怎么样？如果是笔者，那么肯定会不爽。

小学生们从一大早上学的路上就开始紧张起来。走进学校大门的同时观察着周围环境，尽可能避开纪律部的学生和老师。这并不是好的现象。在上学的路上向老师和同学问好，有说有笑该多好！在校门口其实没必要紧张却使人紧张起来。看起来确实不舒服。笔者认为这种现象是需要改善的。

只要想出能够舒舒服服上学的方法就可以了。在学校内部条件下设计就好。或许有人会质疑："难道这也算设计范畴？"我认为，能够使世界变得便利和美好的事物都是需要设计的对象。从问题意识为起点，思考"怎样才能更舒服而愉快地上学"才是设计的开始。收集意见并设定目标去履行的过程就是设计。

因为设计是为了打造美丽的世界，应当思考怎样才好，怎样去实行。

3-4 新事物在不断探索中出现

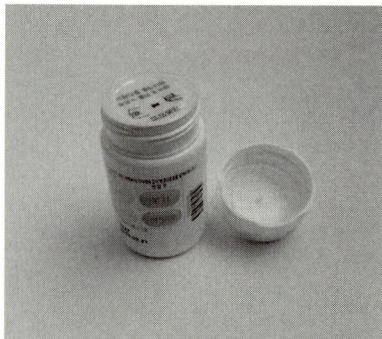

打开盖子，发现里面有一层封口膜

自古以来，营养品被当作礼物来交换的情况很多。尤其是笔者因住在海外，时常收到营养品。貌似没有人不吃一两种营养品。

打开营养品或药瓶，会发现有一层封口膜罩着，是为了保护里面的东西。掀开封口膜是件令人厌烦的事情，需要抓住稍微凸出来的部分用力拽出来。只有这样，封口膜才会被起开。有些药瓶如果没有可以抓的部分，那么需要用指甲或尖锐的东西戳出洞后，再小心地掀下来。

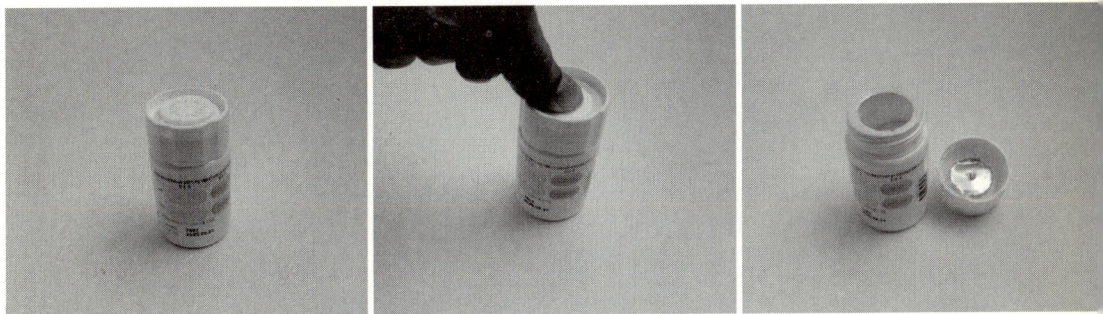

打开盖子就能划开封口膜的新设计

这儿，可以直接按住瓶盖凸出部位，转动瓶盖就好了。瓶盖内部有尖锐的东西可以启开封口膜。至今为止，大多数封口膜都是干净的纸张。数百年来，人们一直用手指或尖锐的东西戳出洞，小心地揭开封口膜。这虽然看起来是个再平常不过的事情，但是如果改善，会非常方便。

设计的开始，在于带着"问题意识"去思考。"怎样才能更便利地揭开封口膜？"图片上，可以利用简单的原理揭开封口膜。这就是所谓的为用户提供便利的有益的设计。

看起来没有可再改善的部分，但如果去思考的话，肯定还会发现有待改善的部分。经理，您难道不认为您的商品当中有需要改善的地方吗？大家聚在一起讨论改善商品的有关问题，分组聚集智慧去设计的话，完全可以想到改善方案。

此时此刻，正有人为了寻找新的便利而苦恼。如果这个人正是经理您或者是您的员工该多好？在小小的方面，对那些实在是没有可改善的产品上，若能有几个人聚在一起不断地去探索，笔者坚信，肯定会有新的道路。

3-5 设计可以表明一个国家的国情和文化

在中国，虽然遵守信号灯过马路的人相比之前来说多了不少，但是仍然存在不顾信号灯横穿马路的行人。

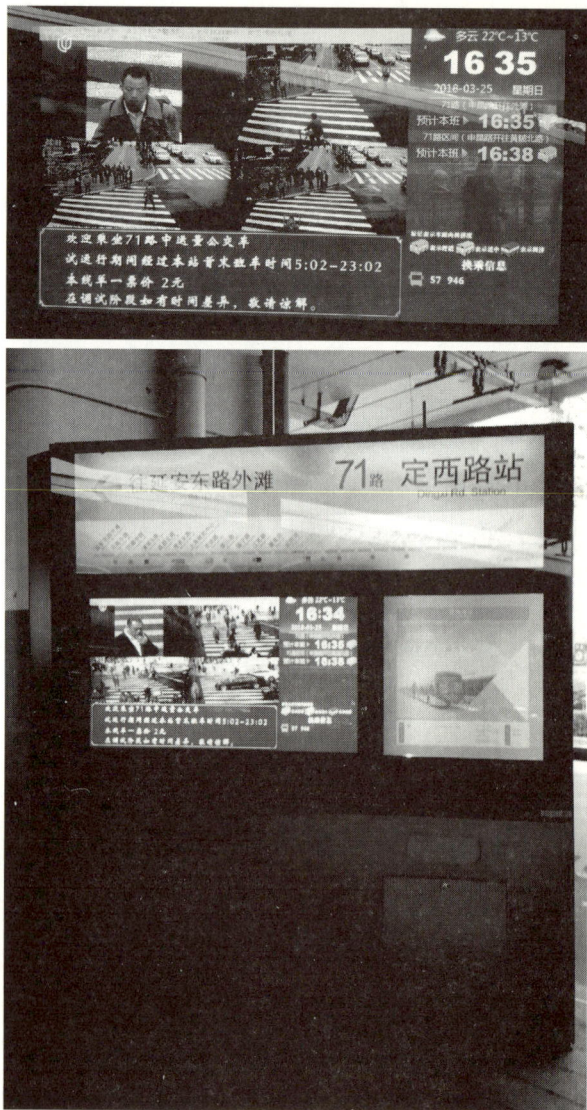

在公交车等候点显示屏上公开放映着横穿马路的行人信息

虽然严格执行着罚款制度，但是只是作用一时。最近出现了利用 IT 技术的让人尴尬的窗口。在笔者驻上海的研究所不远之处，公开放映着乱闯红灯的行人信息。原本是提醒公交到站和播放广告的屏幕，取而代之的是在公布闯红灯的行人信息。公开放映着赤裸裸的闯红灯者的样子，而当事者是否能看到是另一回事。

中国人爱面子。尤其是在众人面前被称赞是一种最佳的赞美。相反，当众指责则是最令人感到侮辱的事情。如果自己的脸被放在屏幕上，他们的心情如何？会觉得极其丢人。但是不管政府的举措多么严格，有些中国人还是会低头跟从。再怎么丢人，他们也非常清楚地知道政府的威力。

在湖北省黄石市南部的大冶地区，设置了防止无端乱闯人行横道的安全灯和自动喷水机

位于湖北省黄石市南部的大冶地区，通过安置行人闯红灯抓拍系统得到了一定的效果。在红灯亮时，如果有人想过马路，马路边的柱子上会自动喷水，接着会有语音提示："请不要擅自横穿马路。横穿马路是个危险行为。"若有人违背规则乱闯红灯，那么这个人的脸会在公共场所曝光。

这真是一个充满创意的想法。对乱闯红灯的人喷射水雾以给予警告，确实是个中国式的想法。其他国家，这种用水喷人的方式会引起争议。就笔者个人认为，这种方法无法在韩国和日本实行。因为对违反交通规则的人喷洒水雾的方式会觉得是个有失人格的行为。

设计会从一个国家的国情和文化出发，不禁对管理部门的深思和智慧表示赞叹。

只要理解国家的国情和文化，就一定会有商业机会。

3-6　创意从定义问题开始

笔者在中国去卫生间时感到有些不便。尤其是在便器前落有很多尿水。一般来说，由于很多地面上铺着白色大理石，所以看不出尿洒出来的程度。若像图片上那样，铺上纸盒，可以明显看到有很多尿液洒出来。

上海市区某建筑内部男厕

在韩国或是在中国的便器前贴着"请向前进一步"的字句，这是提醒人们靠近便器用厕。上卫生间时踩着满地的尿，心情自然不会好。

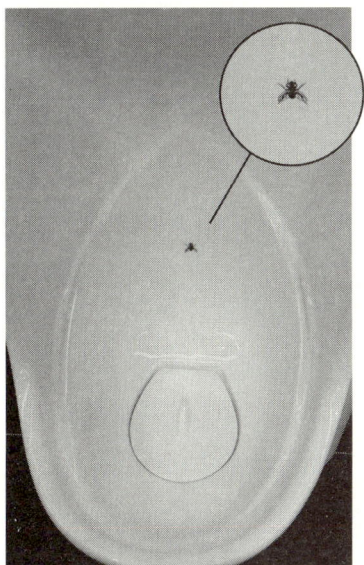

便器内部画着一只苍蝇　　　　画有苍蝇的便器前铺着纸巾

　　这是不久前设置在国外的某个机场，因它的设计而备受瞩目的便器。这个便器同样被安装在了韩国地铁的卫生间中。在便器内部画了一只苍蝇。上厕所时，人们不知道为什么总是想把苍蝇冲掉。瞄准苍蝇后，会毫无顾忌地撒尿。这就是利用了人们若有不该有的东西在其上，便想要去除的心理而设计的。

在中国的某些卫生间内，也有在地面上安装了下水道的地方

这么做应该会有些效果，但是看到地面上铺着纸巾，看来未能完全解决问题。

有些中国的卫生间内部在地面上安装了下水道。虽说尿不会积水，但是还是感觉缺点儿什么。

不单依靠清洁工进行卫生间的清洁工作，能够让群众在使用期间自发性地注意清洁使用，也是一种设计。

笔者认为，给问题下定义是为了开始好的设计。希望老板，您也能在观察周边的某些事情后，试着给问题下定义。那么，多种多样的解决方案将会出现。

3-7　设计出眼前看不见的地方

这是在上海某建筑内部的男性卫生间内便器前，笔者偶然发现的情况。笔者在中国多次见过类似的情况。仔细一看，便器上方的某一自动感应器的标志被倒放着。

上海某建筑内的卫生间

其中某个自动感应器的标志被倒放

正因为感应器呈正四方形，所以不管是从上下左右，哪一侧都可以套上去。

可见的地方固然是需要设计的对象，但是除此之外还有需要设计的地方。人眼看不见的地方照样也需要设计。

如果设计成套错方向就无法套上去的构造，那么就不会发生这类事情。

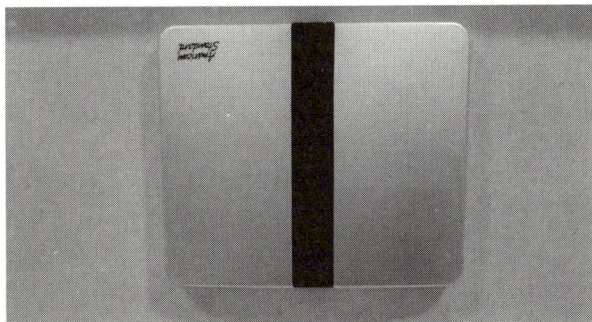

由于安错套子，其标志也被倒放着

实际在施工现场，没有心思考虑有没有装反。尤其是在中国，怎么装都行的意识非常强烈。由于施工现场的总指挥也就一个人，虽说需要严格地加以指导，但是他也分身乏术，因此没办法考虑太多。虽然希望大家自己做好自己的任务，但是这的确很难实现。所以需要在设计阶段就防止这类事情发生。

　　名牌在其看不见的地方也会下功夫。这一点将体现着某一商品的真面目。

　　只有用心去设计这些看不见的地方，才可以成为名牌。

3-8　形成社会共识

在上海，销售中的矿泉水

　　这里有两种塑料瓶。右侧的塑料瓶比左侧的塑料瓶薄40％，特别地薄，要小心拿，用手抓住瓶子的时候稍微一用力水就会溢出来。防止水溢出来是个很好的设计。

　　人总会有失手的时候，为了防止失手这的确是个好的设计。但是这款产品会让水很容易就溢出来，也算是很不方便的一款产品，可还是一直卖得很好。

厚度太薄，抓着瓶子的
时候水很容易溢出来

该塑料瓶容器不易扭曲，
用力抓也不会变形

　　为什么会卖得很好？笔者认为是引起了社会共识。因为对于日益严重的环境问题，在用户的立场上能做点贡献也是好的。

　　在扔此款产品时像拧毛巾一样可压缩至20%，减少了原来体积的80%。若公共场所可回收垃圾桶内可扔50个塑料瓶，那么此产品可以扔200个。

像拧毛巾一样拧它，可压缩至 20%

我们社会的热点"保护环境"消费者大多数只是知道，但对于在生活中怎么实践并不清楚。现在人们开始慢慢减少垃圾，减少垃圾体积的同时也会减少很多的不便，这形成了共识。

设计与我们是共存的。在我们日常中找到不便之处并加以改善虽然也是设计，但从宏观上重新再看就会发现更为不同的设计。依据此设计观点可形成一个成熟的社会。设计者一般是以用户为中心，用户从环境的角度产生共识，以此形成更有意义的设计。

老板也从以用户到用户，以环保为中心做一次集中思考，怎么样？

3-9 通过设计看到老板的心

不久前在访问一家中国工厂时，在洗手间方便后站在洗手台前。笔者看过洗手台后不由自主地点了点头，能够充分地理解这个设计。

这个接水托盘让用户能更近地接触到水

　　这个设计在水龙头上加了一个接水托盘，是由于这个接水托盘让用户能更近地接触到水。虽然访问了很多地方，但是这样的设计还是第一次看到。

　　接水托盘是以低成本来满足用户在某种程度上的需求。通过这个商品可以侧面看出这个工厂的工人和最高负责人的品性。

随处可见的普通坐便器

　　公共厕所的坐便器上经常会有水，所以人们无论怎么着急也不会直接就坐上去。用湿巾擦干净后才能使用，心里觉得很不舒服。稍有洁癖的人不会轻易地坐在别人坐过的地方。为了解决这个问题，在那些直接接触肌肤的部位铺上了一张纸。在坐便器上铺上纸再使用，就会很放心。但是能准备这种纸的洗手间并不多。

　　有这种纸的洗手间很有诚意，会给用户一种很好的印象。虽然这种纸只是洗手间的辅助品，但是若有就会觉得很便利。

上海某酒店内的洗手间准备了能铺在坐便器上的用纸

在坐便器上铺上纸来使用

　　笔者在看到准备有这样铺在坐便器上的卫生用纸的洗手间，就会感到这里的运营者对卫生清洁很重视。铺着用的卫生用纸虽然只是辅助品，但是其作用很大。铺着用的卫生用纸虽然是边缘的市场用品，但是有很强的存在感。在强调清洁的社会里有着充分的商机。

　　老板们是否也有"我也有一个类似这样的，的确是挺好的"想法呢？主流销售产品旁总是有边缘的，而这个边缘从结论上看是不小的。

第4章　创业要有革新的设计

4-1　设计师在产品计划阶段开始参与，才能创造出优秀的产品

在跟每位老板讨论设计时，他们都说自己很懂设计是什么。据说我们现在穿的西装和领带都是因为设计得很好所以花大价钱买下的，而且选择眼镜的时候也有考虑设计，我们会选择跟自己的脸型最合适的眼镜。皮鞋也同理，首先要好看，但也不会疏忽鞋子的舒适性。

在产品中，设计是很重要的因素，那么那些老板对自己公司的产品设计会是什么评价呢？很多老板认为设计其实就是让产品外观变得更有魅力，这个定义也没有错，首先是得要让产品变得更有魅力，顾客们第一眼看见就会被吸引。

在韩国有一句话："既然如此，就买更红的裙子"，这句话的含义是指"同等价格的话，就买更好的，买更好看的"。产品的外观好不好看这点是很重要的，但光靠外观的美是不够的。很多老板把设计比喻为女人的化妆。化妆的话谁都能变得漂亮，但是这得花钱才能实现，所以认为设计是有钱就能施行的，就如同认为树木繁茂是因为它的树枝而不是因为它的根一样。每当我对老板提出，如果在其公司的产品加上设计，那商品的竞争力会大大提高时，大多数的老板会摆出一副不以为然的样子。

老板们拜托设计师做的事就是让产品变得更美。要求保留原先的设计，而跟着场合、氛围和潮流进行改善，就像是化妆。这样的改善不能完全叫做设计，这只是设计的一部分。从产品计划阶段就开始设计商品的话是

可以让商品的价值翻倍。大家都知道能用设计来提高商品本身的价值和在市场上的竞争力，但就是没有见过实例，因此不那么重视设计的能力。接下来讲的就是实例，远红外线烹饪机，跟一般的烹饪机在概念上就不同。

世界上第一个用远红外线来烤肉的产品，该公司
用这一个产品就在韩国市场上市

　　当我们烤肉时，通常会使用铁板或平底锅。一般情况下，铁板的下方就是火，铁板上就会放肉来烤。几千年来我们一直使用这种方式来烤肉，从没有想过其他的方式。但烤肉时我们会经常面临很多问题，如烤焦的问题，肉粘在铁板上不掉的问题等，但这款远红外线烹饪机，可以解除刚才那一系列的问题。特别是肉粘在铁板上的问题是绝对不会在远红外线烹饪机上发生的。思路的转变诞生了新概念的烹饪机。

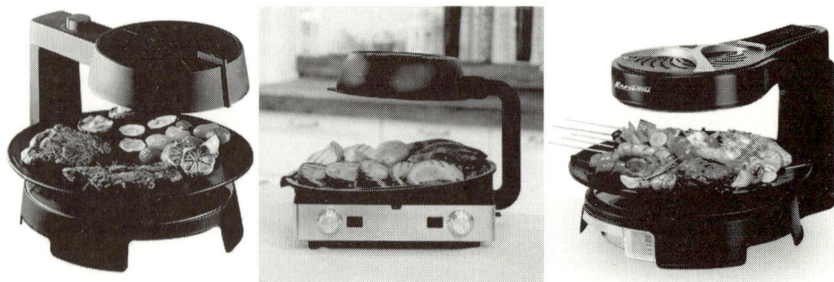

各公司多种多样的远红外线烹饪机

在市场上成功的设计不仅仅局限于外观风格，还要找到能给消费者带来更好的、更有价值的东西。

设计的开始是计划。因此，设计师要思考并找出消费者们怎样才能更加满意地使用的方案，那么就会自然而然地诞生出至今为止没有的新概念，然后再想商品的外观风格也不晚。

营造出吸引目光的外观是在设计中至关重要的项目。但更重要的是，为了在市场竞争中获胜，必须得先寻找消费者的内心诉求，比如用更简单的方式来下厨，或把料理调得更加美味。要做到这一点，设计师就要从计划阶段开始参与。这样一来，那些老板的产品在市场上成功的概率才能大幅提高。

4-2　为了提高产品的销售率，要了解消费者的喜好

公司要确保收入才能支付员工工资、租赁费和他们所需要的物品。公司为了赚钱需要养好职员，还需要花很多钱去教育职员。为了找到有更好条件的公司，我探寻过无数家公司。为了确保好的商品以及资源我会不顾一切去找对方公司商谈，这都是为了公司。

为了使公司运营顺利制定计算机程序，为了生产商品购买必需品，上述的行为都叫做投资。老板们认为这是公司收益的来源。但有些老板们认为设计不是投资而是支出。投资和支出是完全不一样的。给公司带来利润的是投资，只是消费的行为是支出。有些老板不怎么认为设计是赚钱的确切方式。那么什么样的设计能给公司带来利润呢？

其实很简单，就是把东西设计成为"畅销货"。比起好的设计，畅销的

设计才更重要。老板们要知道畅销设计的概念。在市场上卖商品时首先要想好主要顾客会是谁。

这是完全不同风味的咖啡

　　有个老板跟我讲，他们的主要客户是20~30岁在大城市上班的女职工，收入每个月5000元以上。这样选定目标以后会让那个老板很困扰。"在星巴克每周喝3次美式咖啡，并且每月花400元在咖啡上的消费者；或者每天喝袋装咖啡，因为星巴克太贵而不去的消费者。"这两类消费者虽然都是20~30岁，但显然对待咖啡有不同的态度。

　　为了这些消费者们，老板们要研发出更明确的概念以及非常具体的设计外观。不明确的问题是很难去解决的。第一个问题是要锁定我们的目标消费者，并把那些消费者们的性质以及各种内心需求分析透彻。在消费者的性质里，最主要的是他们的购买动机和行动模式。

　　在中国，很多产业市场都还不成熟，竞争非常激烈。但就是因为没有成熟才有机会成长。吃过肉的人，才知道怎么吃。比起什么都没有做过的消费者，我们要先在做过消费的消费者上动手。他们已经学会了消费的行为，可以从中产生第二代消费者。产生消费者的时代已经结束了，要在已经学会的消费者身上赋予新的消费价值观。

4 - 3　老板和设计师须融为一体

左图为韩国制品，右图为欧洲制品。
虽然拥有同样的功能，但设计效果截然不同

　　这里有两个产品，一个是韩国制品，另一个是欧洲制品，其用途是把 CD 插进去。现在人们几乎不怎么使用 CD，但曾有一段时间所有的音乐都是用的 CD 光盘，一般的数据也会在 CD 光盘上下载，当时的 CD 迎来了全盛期。

　　请看上面的照片，可以同时插上 10 个 CD，具有同样的功能和性能。如果老板们制造或购买，会选哪一个？

　　韩国的产品是由 4 个部分组成的 CD 盒，需要 4 个模具，4 次投产。但是，欧洲的产品仅用一个模具就能与韩国的产品一样发挥相同的功能。韩国的 CD 要在注入的部位上进行喷漆和镀金，涂装后进一步干燥，然后在组装台上经过数名工人的加工完成，然后重新包装。在包装方面的纸张消耗也比欧洲产品要多，欧洲的产品包装很简单。在生产成本上，韩国产品可能比欧洲产品要高出 5 倍以上。

　　但是对于消费者的售价上，欧洲产品要远高于韩国产品。不仅是因为欧洲制造，更是因为里面包含着设计方面的价值。由于我个人相中这款欧洲产品，所以亲自掏钱购买了。虽无法准确地记起当时购买的价格，但大概花了两万韩币。而韩国产品是我在一个聚会中免费拿到的。

　　在设计方面，欧洲产品像一个骨头，并且用软的塑料制成，整个形状弯曲得非常自然。它造型有趣，材料适合，制造方法简便，因此生产单价应该是不高的。可惜韩国产品无论在形状、材料还是制造方法上，都没有能让人心仪的因素。

一个好的设计是，由低的制造流通成本加上好的外观造型和实用型构成，还能提高消费者的购买欲。创造这种设计并非是一件简单的事情，但也不是困难的事情。只要掌握市场资源的大老板带着问题意识将此问题传达给设计师，再由设计师从设计创造的角度解决就可以。这时候的关键是，老板和设计师必须齐心协力。

老板善于买卖，为了开发新产品，会反复地思考。但这些老板未必擅于表达，展望时代的眼光未必与设计者相同。设计者从未真正了解过老板的想法，他们不知道新产品的用处，也不知道消费者想要的是什么。所以老板必须要确切地传达给设计者，这样才能达到齐心协力。

只有将两者的意愿合一，设计才会变得像一个真正的设计。如果一个设计者连对设计对象都不够了解，那还怎么设计呢？老板须将有关新产品的信息详细地告诉设计师，而设计师要利用这些信息，找出现阶段的商品市场和消费者需求。如此配合才能产生出好的设计。

4-4 不可或缺的设计

现在，大部分中国人使用手机微信或支付宝进行购物，多数快递两天内送达，在繁忙快节奏的都市，的确非常便捷、省时。

网络购物流行之后，送快餐的骑手、送快件或小商品的充电摩托车等在街道来回穿梭。通常这些电瓶车前后都装满了快件，甚至连脚踏板处都堆积了快件箱！

骑手（快递员）在如此狭窄的空间驾驶，看起来会觉得很别扭，忍不住会担心"万一碰到交通紧急怎么办""下雨天路滑呢""堆积这么多快件会遗失吗"等问题。

在上海市的街边随处可见的满载送货电瓶车

中国的交通运输法对货物营运车辆有着严苛的规定，违者罚款，那么机动车辆送快递的话成本就非常高。然而，电瓶车不属于货物营运车辆，无论是否超载，通常交警都不会罚款。另外，大城市交通非常拥堵，电瓶车送货能在车道、人行道穿梭，中国人所说的"船小好掉头"，这样才能不耽搁送快递的时间。电瓶车快递成本低、时间效率高，也反过来促进了网购。

这种方式送快递是很危险的，尤其是下雨天。这些骑手大多是内地乡下来的农民工，行色匆匆之中，也没有人关心他们的安全，尽管类似的交通事故每天都在发生。

上海市年均降雨约 110 天，一年中有三分之一的日子都在下雨。雨天送快件时，用简易的塑料布盖住送货箱避雨，似乎贴合得并不牢靠，感觉一阵风就能吹走的样子，在骑行中这当然是安全隐患，但尽管如此，上海的快递公司和快递员对此并没有高度关注。

上海市区内的骑手用一块防水布盖住送货箱

　　东京市区内自行车快递上的载货箱工作中处于落锁状态，可以有效避免快件在运送时丢失。此外，载货箱里面还配置冷藏盒，满足需要冷藏运送的快件存放，搭载的手推车可以方便用来托运较重的快件。

日本东京市区内的自行车快递

　　东京市区内随便停放摩托车是违反交通规则的，用自行车来送快件就很便利。这样，快递员在送货上门时，停放的自行车是合规的，并且安全，绿色环保，这就是"一举三得"。

因此，东京的快递自行车就是不可或缺的设计。

在上海和首尔看不到这种设计的运输工具，上海、首尔和东京比起来交通状况更加拥堵。当然世界上所有的大城市都因缺乏高效率、大客流的交通方式，不得不采用严格的交通规则，东京也不例外。

听闻上海、首尔和东京将会推行新的交通法规，那么快递自行车、摩托车或者电瓶车，还是发明新的运送快件的工具更加适合城市大发展规划的要求呢？无论如何，总会有新的出路，这里面或许蕴藏着巨大的商机吧！

参考发达国家的案例，设计应用适合自己国情（城市）的快件运输装备，是行业研究者和企业家引领未来的一项重要工作。

4-5　不变便灭亡

"女人的变身是无罪的。"如果女人不变身，那就是"有罪"。如果女人总是一直没有变化，那女人就不再是女人了。产品也是如此。在市场上要根据时间的流逝变身。只有这样才能在市场上存在。

据说，有一种产品完全不变，维持了二三十年。最具代表性的东西是食品。但是，这个吃的固守着基本，又随着时代的变化，逐渐产生了味道和魅力的变化。只有这样，才能与世界潮流一起存在。世界上没有什么不变的。为了生存，每个产品都会根据时代条件而变化。

这里有两支蜡烛。点燃蜡烛的时候，经常用火柴或打火机点燃火焰。这是常识。但是这个蜡烛却不使用那种东西，而是靠按一个开关来点燃。这是奇迹般的事情，或者可以说是"技术的胜利"。用打火机或火柴点火的过程是不方便的，也是危险的。所以"没有火柴或打火机点火可以吗？"在这种思考过程中新的创意诞生了。

想要点燃蜡烛，需要用打火机或火柴。这个产品如果按下
下面的白色板开关，就会自动点燃（图片来自 NAVER）

另一支蜡烛跟现有的很像，但仔细观察的话，完全不同。这支蜡烛像平底饼干，把蜡烛的圆柱形状完全改变了。现代人利用蜡烛的时间较短，所以不需要大的蜡烛。相反，把重点放在了便携性和外观上。

一种是利用最尖端的技术，一种是非圆柱形的柱子，摆脱了固定观念做出了新的产品。

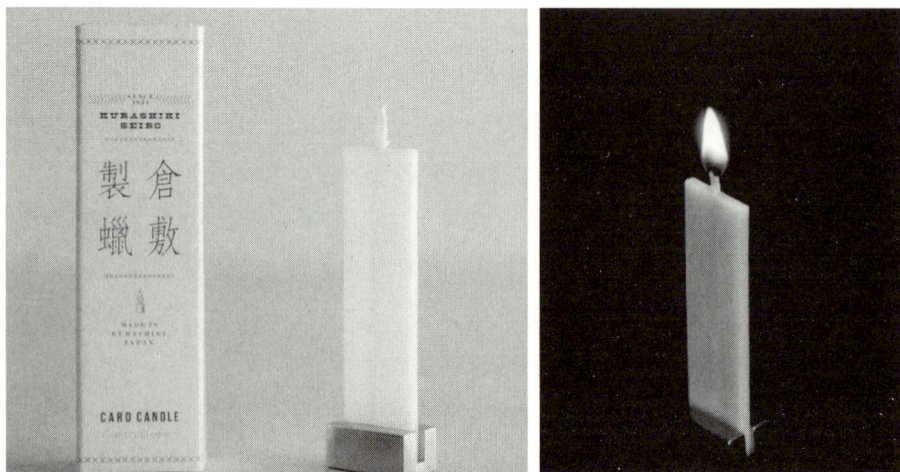

不是圆筒形烛台，而是薄薄的片状的烛台（图片来自日本设计协会网站）

如果改变想法，设计也会改变。改变设计，想法也会改变。时间总是要求改变。产品也要随着时代的变化而变化，才能具备"存在感"。

无论是技术上还是设计上，都希望能看一下您的产品是否正在改变。

4-6 不同的概念导致不同的设计

无论在韩国还是中国，在雾霾严重的天气下，人们都会选择使用口罩。在日本，花粉严重的时期人们也会习惯性戴口罩。在以前，口罩主要用于防寒和预防感冒，但如今不管什么季节，人们都会为了身体健康而戴上口罩。

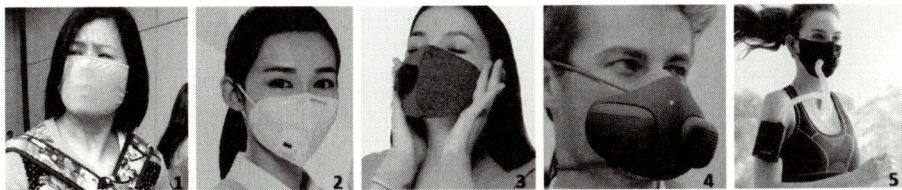

(1) 传统口罩 (2) 带有呼吸板的口罩，可以排出口罩内的热空气
(3)(4) 通过转动按钮来吸入空气 (5) 带有过滤器

早已成为人们生活必需品的口罩如今发展成各种样式。如上图，第一个口罩就是用布来遮住口鼻；第二个口罩带有呼吸板，可以有效地将人体排出的热空气排出到口罩外，从而不会让所戴着的镜片因水蒸气而变得模糊。市场上具有这种功能的口罩早已被 3M 口罩所替换了。第四个和第五个口罩多用于晨练的人们，它能很好地吸附在脸上，从而不会在奔跑时随意颤动。或者有些将过滤器安装到人的胳膊上，可以自动吸入空气。以前用在医疗上的东西早已被设计成人们的日常所用物品。

　　口罩升级为时尚单品的例子就是黑色口罩。在将口罩的传统样式保留的情况下附加上各种各样的功能。这样虽然扩展了口罩的使用场景，但缺乏创新性。

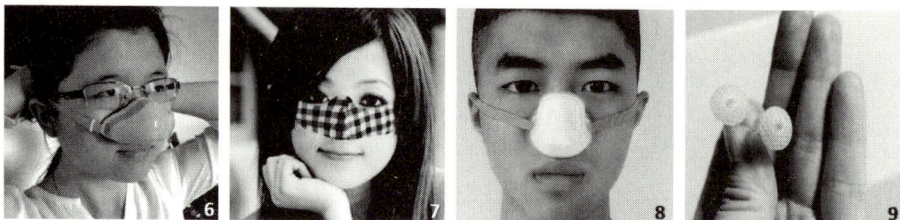

从传统概念中跳出来，创造设计的新概念口罩

　　我们可以采用完全创新的概念进行设计。比如为了方便人们说话，从以往的遮住口鼻的方式改成只遮住鼻子的方式。

　　或者如果想做出完全隐形的口罩，可以像图9一样在鼻子里面放入过滤器。但是，如果鼻涕塞住过滤器的话它就会丧失功能。现在看来，只遮住鼻子的口罩，目前看来不只在视觉造型方面，而且功能上都还存在问题，暂时还不会采用这种创意设计来解决问题。

　　随着时代的变化，我们的生活环境也在变化。如果要跳出已有的设计，不仅要添加功能和性能要素，还要创造一个崭新的概念，才会获得焕然一新的成功设计。

4-7　以文化习惯为基础，革新产品，开拓新市场

　　越南咖啡因苦而闻名。据说，这是因为在越南生产的咖啡豆具有强烈的苦味。此外，越南接受了喝咖啡时向咖啡里加牛奶的法国文化。他们觉

得在咖啡里加牛奶和白糖很不方便。因此，他们开发出了炼乳（浓缩牛奶中混入砂糖的）。咖啡加炼乳是越南咖啡的代表。

越南咖啡提取机 "Phin"   一次性原豆咖啡提取杯和袋子

　　照片中左图是咖啡提取机"Phin"。在法国统治年代，不能使用高级餐具的越南人发明了可以在水杯上直接泡咖啡的咖啡提取机。用马口铁制作的Phin 非常低廉，使用方法非常简单，至今越南人都喜欢使用。用 Phin 制作咖啡对越南人来说是一种文化习惯。

　　右图为笔者购买的一次性原豆咖啡杯，与越南的 Phin 类似。一次性塑料杯子里装了咖啡粉。向杯内倒入热水等待片刻，就会萃取出原豆咖啡。这与越南的 Phin 原理相同。如果说 Phin 是半永久性的，笔者购买的是一次性的。

　　笔者想到了一次性的原豆咖啡提取杯是从越南的 Phin 中受到启发的。本人想过为什么不像红茶一样在过滤包装袋里面放入咖啡呢？咖啡是把热水倒在上层后咖啡粉溶解出来的。这是一种"文化习惯"。文化固化后，我们就会坦然接受并使用。红茶是将过滤袋放入热水中泡冲后饮用的饮料。咖啡则是通过热水冲入后再喝，这种习惯已经成为固有文化。

　　随着时代的变迁，对于商品来说"高级"和"简易"是关键词。文化习惯支配着我们的生活。在保留文化习惯的同时，做到高级和简易，这才是设计的任务。

无论何时何地都能方便地享用高级原豆咖啡的商品，在市场上是很受欢迎的。用包装纸上装粉末的原豆咖啡品位低下，与文化习惯相去甚远，在市场上得到认可需要一段时间。

各位老板的公司中肯定会有能以文化习惯为基础进一步进行革新的产品。希望老板们好好观察。设计时，以文化习惯为基础进一步添加"高级"与"简易"的元素，产品就会受到市场的欢迎！

4 - 8　创新型的产品开发需要含有鲜明主题的好名字

在设计中加入名词，比如加到"椅子"就会成为"椅子设计"，加到"洗衣液"就成为"洗衣机"设计。设计的范围无法超出椅子和洗衣机。也就是在众多洗衣液类型中选出一个来进行设计，从而变成"洗衣机设计"。

设计的作用多样化，从设计便利性到色彩的组合，如今能为新的生活方式提供更恰当的产品。同样是洗衣服，现今可以以更新颖的方式来设计它。

最近流行"一人家具"，而这些"一人家具"的消费者注重个性。衣服是体现自我生活方式的重要标志，因此人们会更用心打理。对于这种生活方式，就需要与已有的洗衣机不同主题的洗衣机。只是拥有便利性和高性能的洗衣机本身就有限制，且他们在一片红海之中竞争。

除非是衣服弄脏或者干洗，否则消费者不会特意想要洗衣服，想要以更效率化的方式打理衣服。而对于这种需求，就需要与以往不同的洗衣机差别化的东西。

我们回家时，衣物上就会有许多灰尘、细菌和异味。就算不洗，我们也有将衣物清洁保管的需求。把衣服放到某种类似于衣柜的产品中，产品就会产生热气和风，同时通过左右摇摆的方式来达到熨斗的效果，能够除掉各种细菌、灰尘和异味。

在市场中人气火爆的，LG 开发的 Styler

　　笔者认为此商品的设计是非常新颖的。在设计产品的时候，把焦点放到"每天能够开心地穿衣服"而非"洗衣机的设计"。

　　此产品并没有用到很新颖的技术，就类似于日常中常见到挂烫式蒸汽熨斗。而且只要把衣服持续摇晃，灰尘就会自然去除。此产品结合了一些常见的技术和原理，而重要的就是把焦点放在哪里。如果把目标放在"洗衣机研发""洗衣机设计"的话，就会给自己设限。有些时候可以根据项目来设定范围，但创新型的产品一般是脱离这种范围的。

　　在不断变化的生活中，人们会产生不同的需求。这就是可以开展开发和创新的时机。只要寻找生活变化中产生的内在需求进行开发就会产生创新。

为了产品的创新，要以大的主题去接近，而设定怎样的项目主题就决定了不同的方案。希望老板们可以考虑一下，为了开发创新型的产品要怎样设定项目名字与主题。

4 - 9　扩大设计师业务范围会产出更好的商品

很多设计完成物是一副设计作品，因此很多人一想到设计师就会认为是"有很高的电脑绘图水平的人"。设计师会画图是一个理所当然的事情，但这并不是衡量好的设计师的唯一标准。

近年来，设计师的能力方位已经扩充到了"企划能力、沟通能力、调查能力、组合能力以及产出 idea 的能力"等。放到以前，这些事情都是由其他部门完成的，但在部门之间的分工界限越来越模糊的今天，这些能力对于设计师来说是很重要的。

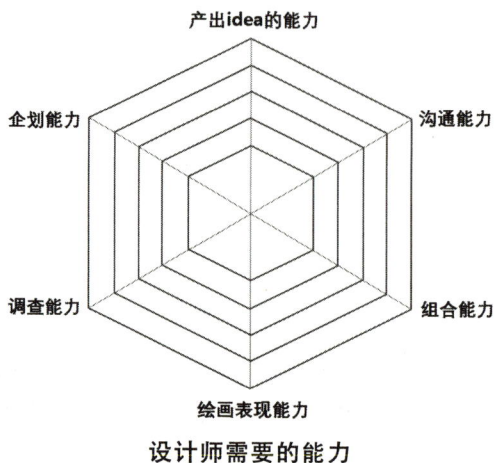

设计师需要的能力

　　电脑会自动生成图画，比如作者经常去的制作名片的公司里有位年轻人，尽管他的专业不是设计学，但也很会用电脑制作名片。绘画其实是一件比较简单的技能。如果企业将设计师仅仅视为一位绘画人的话，就好比井底之蛙，将自己局限在绘画人领域的设计师也是如此。

　　丰田汽车会给予员工如果发现不合格产品时可以停止生产线纠察原因的权限，这样能让员工富有自信和责任心。因此，丰田拥有超高品质的包装，基本达到产品不合格率为 0。设计师也需要被赋予此种权力，从产品的企划开始，设计师要会与其他部门的员工合作，共同进行市场调查、营销方案制作、研发等，他们将会发挥很大的作用。

　　以前，不同部门之间的分工非常明确，而如今社会是要将所有部门都要很好地结合在一起，这样才会诞生出很好的想法。

　　设计师由于其职业要求会对市面上的流行元素比较敏感，会有比别人更具有前瞻性的视野。如果将权力赋予其前瞻性的话会调动更大的积极性，也会产生出更新颖的商品。

　　老板如果将设计师定义为关键人物，就好比将关在笼子里的鸟放开来，使它展翅高飞，就会诞生更有价值的商品。

4-10　毫无考虑的盲目设计

　　虽然设计是创造性的，但也有条件。每家公司都在许多限制条件下进行开发。在克服合同限制的同时还要找出用户所需的最重要的东西。新产品的开发是让用户找到最具有价值的内容。

　　这两种锅，左边的是铝锅，右边的是不锈钢锅。不锈钢锅大多数价位较高。左侧的铝锅把手可以防烫，加热后直接接触即可，不锈钢锅的把手

则不然，想要碰把手必须要用隔热的工具。这是多么的麻烦？不锈钢锅使
用了很麻烦的设计方式。

几乎每个家庭都使用的锅

想要碰很烫的锅的用户使用了抹布

把手用了可防热的塑料，可直接接触

即使研发出了加热后不烫手的技术，用于锅的把手也不会有太大的市场。在我们的认知中金属是导热的，因此就会烫手。为什么这么设计？虽然会有很多理由，结论还是因为没有进行更深的思考。

这种不加思索的"盲目设计"在我们周围数不胜数，引来很多不便甚至事故的发生。设计时不是要想一点而是要想很多。如何让更多的人使用是要做调查的。毫无想法的设计就是"盲目设计"。无论是谁花钱都不想要犯"盲目设计"的错误。"盲目设计"给老板和用户都会带来不便。

第 5 章　设计可以创造商机

5 - 1　用设计来创造文化

这张图片是日本电影《深夜食堂》中的一个场景。这部电影里就只有"一杯酒"。韩国也有艰难的时期，当时韩国也有卖一杯酒的路边摊。经济不佳的几十年间，就是用这一杯酒温暖了内心和身体。在日本他们也卖一杯酒。虽然经过了不少时间了，但这卖一杯酒的传统并没有消失，坚持久了就成为文化。

日本电影《深夜食堂》的一个场景

从上面的图片中就能看出，木盒里有玻璃杯，故意把酒倒得满满的，流出在木盒里。即使是小菜也收钱的就是日本。但这杯酒就很特别。虽然不知道是谁，也不知道是在什么时候制造的，在吝啬的日本有这样的酒，算是奇迹了。据我的推测，这是在贫困的时期，因为没钱只能喝一杯酒的情况下才诞生的。

　　精明的日本人绝不可能会使自己不利的，理所当然地要收的钱肯定是收完了。但如今这"一杯酒"仍存在。这证明市场上仍有需求。但是韩国的"一杯酒文化"却毫无声息地消失了。这是为什么？是因为没有象征性的特点存在。"木盒里面的一杯酒"很单纯，但显然很有象征性。就是说，这东西是设计好的。正是因为有特色，成为独特的象征。这东西连名字也有，叫"送り酒(OKULIZAKE)"。

　　拿起杯子的时候常常酒会洒出来，这时酒就会沾在手指上，有些人连这一点也觉得可惜而吮自己的手指。一瞬间酒杯里的酒顺着酒杯滴落在酒台上，这滴算是奢侈，这种奢侈可以让人一时遗忘他们的忧愁。留在木盒的那剩下的酒虽然喝起来很麻烦，但有着那只有木盒才拥有的感觉和那剩下的酒，变得别有一番风味。如果第一口玻璃杯酒算是妓女的嘴唇，那木盒就像是一起挺过艰难的糟糠之妻。很有趣。

甜甜的韩国的百岁酒：左侧是最近上市的新产品，右边是旧产品

　　有了"设计"，又有故事背景，这样的商品才能持续坚持在市场中。还有，时间一长能获得大众认可的话，就能成为文化。为了把商品变成为文化，需要独特的"设计"和故事。韩国也曾一度推出了一款甜蜜的百岁酒。消费者们用这百岁酒和烧酒掺和在一起，并把那掺和的酒变成为"五十岁酒"。在一直寻求新的味道和新的趣味的消费者中，这酒瞬间成为很红的商品。但很遗憾，这酒的人气并不长久。虽然很有趣，但这酒没有"形式"（没有被设计好）。

很多 CEO 对自家商品能不能参与消费者们的生活中而苦恼。虽然不简单，但只要有让人感兴趣的因素，并能让人去行动的话，还是有胜算的。为了让人行动最好是在设计方面打造让人行动的方法。人的行为和"让人行动的设计商品"组成一对的话就能成为文化，那么就可以在市场上飞奔了。

5 - 2 把服务换成设计

变得美丽是女性的愿望。看到年龄虽大但仍保持着美丽的女性，就会产生尊敬之心。偶尔会想问"你怎么能保养得这么好，没有皱纹？"从打听到的秘诀来看，虽然有很多方法，但其中之一就是接受专业的皮肤护理。

许多女性希望每周在护肤中心接受一两次护肤。可是，去一次需要花的费用绝不少。接受皮肤护理的形象给人一种财富、富裕、精英女性的形象。

在皮肤护理所，用多种机器给皮肤带来适当的营养和刺激，可以抑制皮肤老化，打造干净的皮肤。这里的机器是高价的，又太大，个人买不起。

设计可以在这里找到机会。这样高价的大机器如果能让个人使用，会让很多女性喜欢，一定会有很多需求。设计一个随时都能像在皮肤护理所接受的服务，就很有可能会在市场上开辟出一条成功之路。

下图照片中的皮肤美容按摩器是充电式的，因为很小方便携带。在家里洗脸后，十多分钟的时间里，可以用按摩器亲自在自己的脸上进行按摩，同样获得皮肤护理的效果。你在皮肤护理所要花的一两个月的费用如果用来买这个按摩器，会更划算。再加上能携带，在旅行地也可以进行皮肤护理，在无法去皮肤护理所的情况下，是珍贵的存在。2002 年该产品每件售价为 40 万韩元 (2600 元)，但是销售率极高。这款产品至今仍在火热的持续销售中。

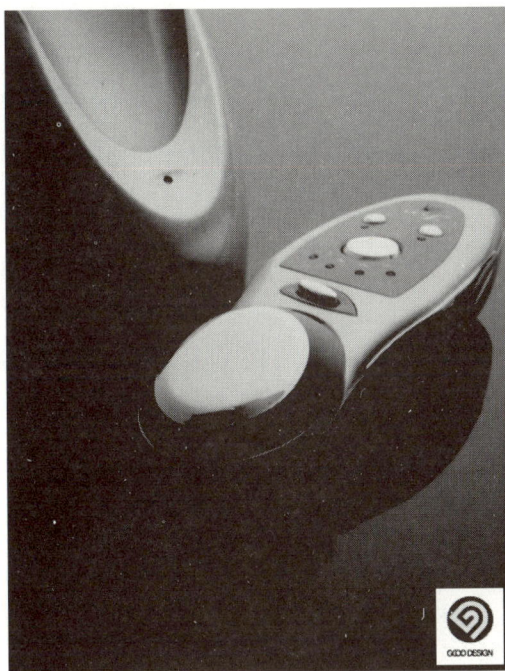

2000 年上市，在电视购物上热销的便携式皮肤美容按摩器
（笔者设计，2002 年韩国 Good Design 中获奖）

世界一天一天地在变化，各种服务正在问世。但是，由于某些服务太昂贵，太不方便了，所以不能轻易使用。如果这个变成设计，产品就有了用武之地。

仔细观察你周围，就肯定会找出如果把服务变成设计的话就能成功的案例。希望你能找一下，把那服务换成设计吧。

5-3   用设计思维创造新的价值

上海交通大学 2011 届毕业生肖冰影 2017 年被《福布斯》（中国）选为
"三十岁以下的女性人物"。因此，她回到母校给师生进行演讲。看到我亲
自教授的学生能发展得这么好，对我来说是一件自豪又开心的事情。

毕业于工业设计专业的肖冰影被选为《福布斯》（中国）
"30 岁以下的女性人物"而在母校进行演讲

我猜，她应该是在美国的求学过程中接触了美国的前沿文化和无数的
商业模型，重新定义了"设计"，并亲身体会到了由于第四次产业革命所有
的产业都在更新换代。

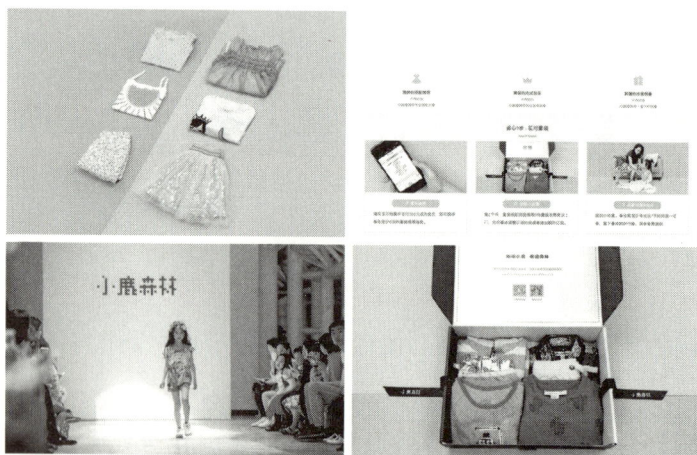

在中国，"小鹿森林"作为品牌上市

　　她回到中国以后，创立了面向 2~6 岁儿童的服饰产业。尽管有无数的儿童服饰品牌，但她的品牌有自己的独特性。在一场采访中她表示，她与美国品牌 Stitch Fix 合作。Stitch Fix 在美国面向的是成人消费者，但在中国，肖把目标客户定位为儿童。因为她深知把自己的孩子当做王子公主的中国 80 后妈妈的心理以及中国婴幼儿消费品市场。

Stitch Fix 会通过造型师和 AI 技术来给顾客提供最合适的造型

　　Stitch Fix 品牌通过造型设计和 AI 来挑选适合客户的上装、下装、帽子、鞋子等，从不同品牌中挑选一个，总共 5 个产品组成一个套装来发给消费者。顾客可以从中挑选适合自己的产品后，再付相应的费用。只需要将不满意的产品放回箱子里再退还给快递员就可以。肖很好地抓到了 80 后妈妈的需求，从海外收购高级品牌的服饰，再改造成更符合中国消费者的审美。以此种方式，肖竟在 1 年内就占据了中国市场。

　　设计是思考的产物。新事物是世上没有的东西，但我认为"天底下没有新的事物"，都是将已有的东西融合后诞生出新的或者产生新的价值的过程。每个人（每个公司）所拥有的资源是有限的，但我认为都可以创造新的事物。只要将手中拥有的资源重新融合、组合就可以解决。市场在不断地变化，老板们也知道只有更接近消费者才会更受欢迎。因此需要思考如何将手中的资源进行重组。

5-4　新的潮流中加入自身的资源就有新的服务

　　设计的范围在逐渐地扩大。这不仅是在设计的领域，在所有领域中都是如此。在相互的融合中，不同领域之间的界限在变得模糊。

　　有一家公司，目标是将所有的楼顶变成庭院，试图在楼顶空间种植植物，使之变成像公园一样可以利用的空间，但并没有成功。占用楼顶本身是一件不容易的事情，加上因为建筑物破坏、管理等各种理由，楼顶庭院消失了，如今大部分楼顶是一片空地。

　　如今，许多中国大城市的居民为了感受乡土风情，会去周末农场之类的地方来种植自己的农作物。但大部分周末农场离城市圈较远，来回不方便，因此顶多一周去一次。而"楼顶农场"就在自己所工作的场所的楼顶，可以利用午休时间来打理，并且有专业的管理者来帮助管理。

上海城市建筑物上被打理好的农场

楼顶有各种形状的小农场；管理者在监管

　　运营这个产业的老板曾经把楼顶空间单单用作休憩场所，后来想着能不能利用这个来做生意，因此就走到了今天的这一步。但现今，这个产业运行得还不是很顺利，老板认为还有很大空间可以进步和发展。

　　但把楼顶利用为农场这个想法对我来说是很有新鲜感的。以此想法为基础，加入更多设计性元素的话，应该更会博得消费者的青睐。已有的楼顶庭院变成了农场。在这个农场中种植可自己食用的有机农作物的想法很独特，只要进一步挖掘消费者需求，就能变成更强的产业，将已有的资源巧妙融合的话可以创造出崭新的服务。

　　在新潮流上植入自己的资源就能产生新的服务，将这项服务提倡给消费者不就是老板们所需要做的事情吗？

5-5　如果设计与工艺相结合

　　有些产品一眼看上去就有设计感，令人赞不绝口。但是这种设计没过几天就会使人腻烦。就像第一次吃特别美味的佳肴，好吃得说不上话，但是若要每天去吃，就会吃腻。

　　日常使用的产品大多数都是设计成的，正因为我们自己要用，所以尽管长期使用也不应该令人腻烦，再加上有个性的产品才算好的设计。

　　这里有一个办公包。包身为木材，把切得薄薄的木板一层层地贴在一起，贴了 6 层厚的木板，使其具有耐用性。利用压力机制作包的轮廓后，在内部裹上布料和拉链制作了办公包，达到 950 克的重量，这与一台超薄笔记本电脑的重量相当。把它拎起来不禁会赞叹，世界上怎会有如此轻巧的包，轻得可以飞走。

　　由于产品的制作中使用了真的木材，其产品的条纹无比自然。正因为这些产品出自木质材料，所以其条纹各不相同。虽说它的基本形状相似，但是每个包都有微妙的差别。所有的包都各不相同。这不同于千篇一律的手机设计，它可以拥有自己特有的设计。虽然是设计，但是包含着手工的味道，散发着人情味，能让人联想到这是匠人做出来的手艺。在很容易让人感到腻烦的设计中，若加上这份手工的味道和自然之味就可以打造出一个珍藏品，批量生产过程中的设计与散发着手工味和自然之味的工艺真正融为了一体。具有这份味道的产品，可以得到消费者们长期的青睐。一看价格，大概是 300 美元，给人一种想买的冲动，因为这是世界上独一无二的设计。

利用木材制作的岛村卓实的 Wooden Briefcase（图片来自谷歌）

如果只有手工的味道，就会成为工艺品，工艺品会受到生产的局限，成长为一个企业受一定的限制，需要使其与设计相结合。该如何把这两者融为一体？这正是设计师要解决的问题。

常见的东西令人腻烦。尽管设计为了刺激消费者的欲求而费尽心思，但是还是能感觉到添了大量的调味剂，生产具有深度的味道着实不易。唯有设计与工艺相结合，产品的价值才会翻倍。

看似是设计品却又不像是设计的产品，才会受到人们持续不断的青睐。

基本形状相同，但由于是木质条纹，没有完全一模一样的（图片来自谷歌）

5-6　恶性设计会危害人类

笔者在几年前搬过一次家。为了适应新环境，通常情况下会经历试错。经历试错会给人施加压力，尽可能少走弯路直通目的地才好。好的设计能减少走弯路。

笔者在新搬来的厨房内做菜时发生意外。抽油烟机被安置得过低，在起身时不小心被棱角磕到了额头。不知道有多么痛，眼冒金星，开始有眼泪流出来，甚至去医院打了点滴。笔者本人不自觉地爆起了粗口，竟然会有这么垃圾的设计。

笔者觉得，还好是自己受伤。若是妻子或孩子受伤，那还得了。抽油烟机被安置得很低，其边角又特别尖锐，家人肯定会受伤。因为我最先受了伤，一家人都开始在警惕。在厨房时常保持警惕令人疲倦。不好的设计使人畏缩。

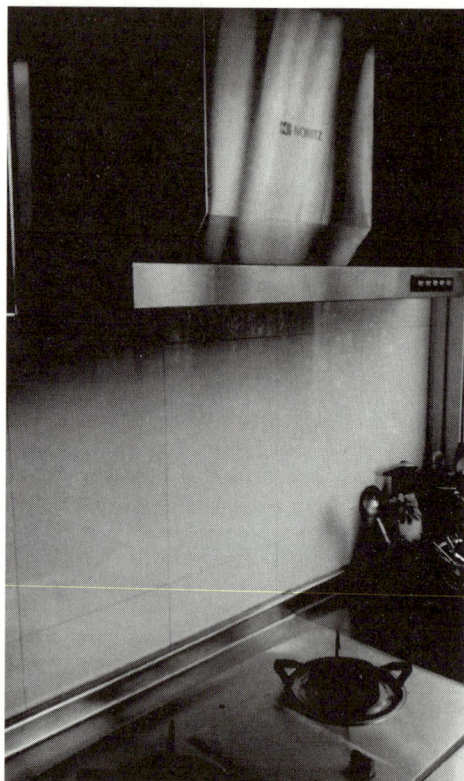

笔者在上海租房时的厨房内部抽油烟机，其安装的位置过低易使人受伤

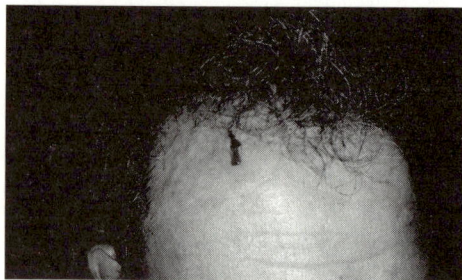

撞到抽油烟机的棱角，额头出血

笔者又一次搬家。这次反而是更尖锐的边角安置在那儿。到底是哪家

企业的设计师设计的？想起之前的经历，不由得埋怨起设计师和公司。设计需要追求安全，这是基本之中的基本。

尖锐的棱角表露在外，极其危险

被安置过低的抽油烟机，其棱角容易成为凶器。虽说很难相信在我们的日常生活中，经常使用的生活用品设计缺乏安全要素。但是现实就是如此。根据 PL 法（产品责任法），生产厂家要对顾客因为产品而遭受的伤害所负责，并需要进行相应的赔偿。不管有没有这个法律，是否要赔偿，抛开这些，我们日常使用的产品，最先要有安全性。再好看的设计，如果具有危险性，则属于不好的设计。

用瓶盖裹了一层边角，采取了安全措施

笔者赶紧用瓶盖采取了安全措施，裹住了边角尖锐的部分。万一一不小心磕到了额头，也不会像上次那样出血去医院。从开始考虑安全因素，并进行设计是理所当然的事情。

老板，请您缓慢闭上眼睛用手触摸自己公司的产品看看。如果觉得有危险因素，则需要重新设计。

好的设计要具有安全性。好的设计首先要保障安全，潜伏着危险的设计随时都能危害人类。

5 - 7　好的图像远胜于文字

从尼泊尔团队收到的牙膏，早上用它刷牙，感觉莫名的奇怪。仔细一看，原来是剃须膏。二十多岁时，在加拿大刷牙，感觉怪怪的，原来是摩丝。为何要装在这么奇怪的容器里？

人生在世，不知会犯下多少失误。即便是由于自身的原因造成失误，也会让人感到难过，若是因对方的原因造成失误，则会更加难受。尽管企业没有那种意图，但是令人混淆的设计会导致用户产生错觉犯下错误。正因为如此，会有大大小小的问题产生。如果是单纯的问题还好，否则将成为巨大的难题 。

看到朋友在脸书（Facebook）上传的内容，我不禁捧腹大笑。但这是个需要严肃面对的问题。

朋友在 Facebook 上传的文字和照片，其牙膏表面设计和剃须膏的表面非常相似。这位好友长期居住在英语圈国家，用英语和周边的人工作。他的英语水平简直就像当地人一样。

他以为收到的礼物是牙膏，不假思索地拿来刷牙。没承想，这不是牙膏，而是剃须膏。由于剃须膏和牙膏的颜色同样是白色的，他肯定更加不假思索地，极其自然地放入嘴里。但是他很快发现这没有像牙膏般爽口的感觉，拿出来一看，独自一人失笑。再次拿来看容器的表面设计，跟牙膏容器实在太像。

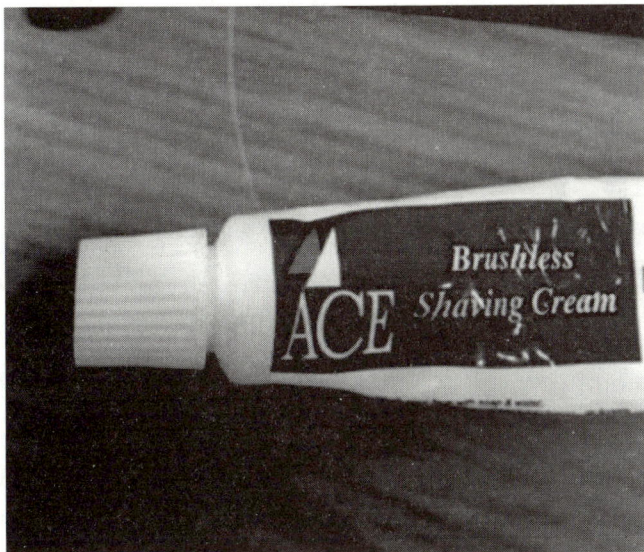

虽然其表面写有 Brushless 和 Shaving Cream，
但不懂英文的人会误以为是牙膏

仔细一看，才发现其外表上写着 Brushless 和 Shaving Cream。"哎哟喂"，不懂英语的人会完全误以为是牙膏。因为这种设计长期以来被当做牙膏的设计来使用，所以人们会毫无顾忌地当做牙膏。同样，我们身边也有很多这类设计。

如果在其表面哪怕只加上一个剃须的图像，也不会发生这类事情。好的图像远胜于文本，不需要过多的言语，可以一眼看懂。这就是全世界共同的语言，这么一看英语并不算是世界的共同语言。真正好的设计可以避免出现此类问题。还好这只是个剃须膏，如果是什么危险品的话，其后果不堪设想。

好的设计可以更迅速、更精准地传递内容；而好的图像可以解决一切，没必要用过多的言语加以注明。视觉图像才是最佳的解决方案。

5 - 8　新的创意就是新的设计种子

午餐时间一到，职员们会在公司餐厅就餐，或者会点份外卖在办公室、休息室用餐，然后会立刻回到办公室，要么趴在桌子上睡觉，要么会看手机、玩电脑游戏。在外就餐的员工会直接回到公司，就餐后基本上无须走路。

许多白领除了在上下班时走会儿路，估计不会达到一天推荐步数八千步的一半。

由于运动量不足，也有很多人每天另找时间去健身房。但是我怀疑不会坚持很久。在我认识的人当中，有个人透露自己续了一年的健身费用，却只去了三天。就像这样很难去运动。据说，现在职场上 70% 的人患有椎间盘突出症，脊椎侧弯症等有关腰部关节的疾病。笔者也会在办公桌上度过大量的时间。有一天，从腰到脚感到麻痹去看医生，检查发现这是由于长期坐着而导致椎间盘突出。通过简单的治疗虽说有所好转，但是要时常小心。大夫说可以通过适当的运动和休息来缓解脊椎周边的肌肉，但是平日里很难做到。

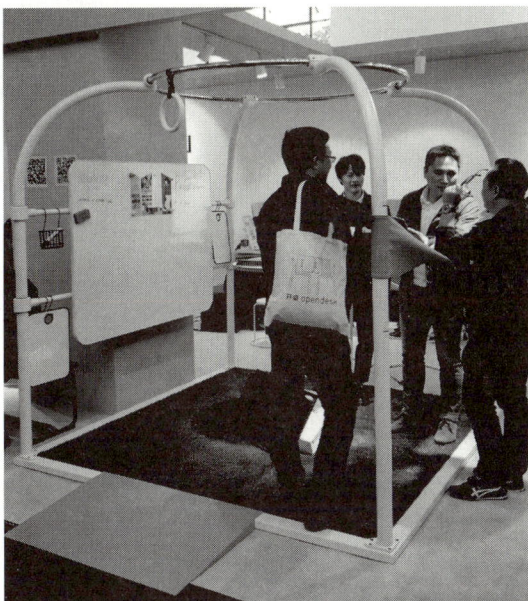

日企伊藤公司提出的会议室内部设计

大多数职场人士会在公司度过一天的三分之一或者一半时间。除了工作时间以外很难抽空锻炼身体。如果能在上班期间锻炼一下身体该多好？最近有些人会故意站着开会。如果在会议室能够悬挂在单杠或者靠在拳击台一般有弹力的沙包上，凭借腰部的翻动去缓解腰部肌肉将会非常有趣。

公司为每个职员承担着昂贵的保险费，虽说有些公司还会另找时间安排运动时间，但是很难持续下去。

一谈到办公室设计，时常会把焦点放在"提高工作效率"上。现在，比起工作效率来说健康更为重要。这个世界在不断地变化着，在变化的时代，若能总结这时代需要的创意，将会形成意想不到的产品。

新的创意就是新的设计种子。

5 - 9　用在合适的时间和地点也是设计

半夜去上卫生间是件苦差事。需要眯着困得不行的眼睛，一步一步小心谨慎地向前迈步。

上卫生间时会犹豫是否要开灯。不开灯，会感到太暗；开灯，又怕亮光驱赶睡意。如果有合适的什么东西就好了。

日本的马桶中，有些带有自动照明装置，一旦感知人体，就会散发非常微弱的光线。这是一种不会赶走睡意的光线。这种光线的强度可以在方便的同时保持半睡眠的状态。上完卫生间后，可继续回来睡觉。

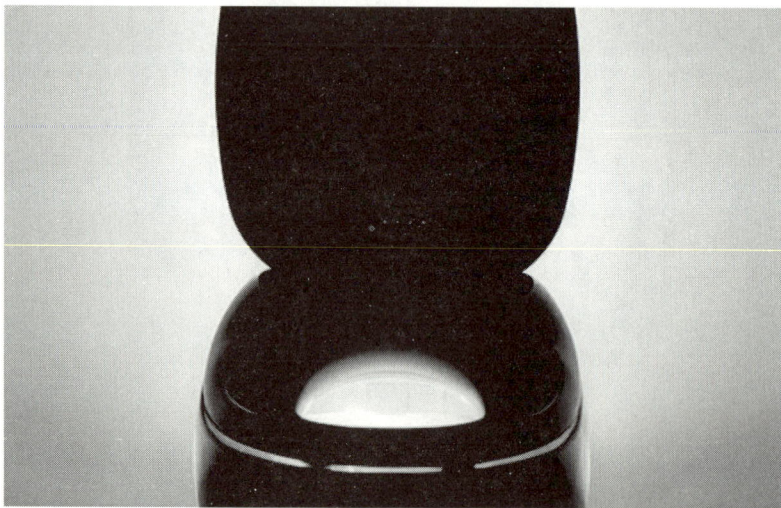

从中间发出光线的日本 T 社马桶

这是个不错的产品。但是此种马桶的价格竟然高达韩币 500 万元（相当于 3 万元人民币）。这并不是能轻易买到手的价格。

我为母亲在她家的卫生间安装了小型感应电灯，安置在了马桶上方的架子下。价格为人民币 38 元，非常便宜。

之后我再次拜访了母亲的住处，母亲拍手称快。过去，半夜上卫生间时，需要打开电灯。现在，光靠自动感应电灯，不再需要打开电灯，也不怕被亮光驱走睡意。

　　笔者因没有花大笔的钱，还能为母亲提供便捷而感到欣慰。这次，再买了一台安在了玄关门口，如果有人走过，电灯会自动感应人的存在，进而照亮黑暗。母亲在穿鞋或脱鞋时感到无比方便。她说她身边就像多了一个秘书一样。一般的公寓都有这种感应电灯。可能是母亲所住的地方是个老房子，没有这种照明灯。如果要另外安装，肯定需要不少费用。

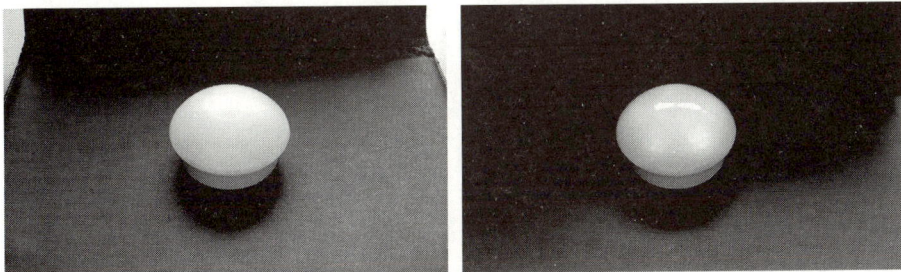

感应到人体后，灯会自动亮起。
无需电线可自由地装在任意位置的小型感应电灯

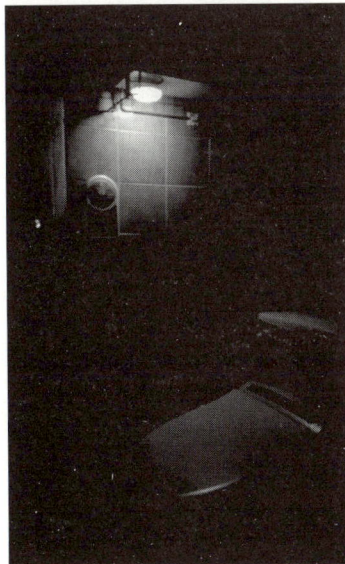

在原有的马桶旁边安置自动感应电灯，不需要按钮也可以使用

　　好的产品会给人带来舒适感，令人感谢。挑选这种产品用在合适的时间和地点，也是设计的一部分。因为设计的基本理念就是给人带来方便。

5-10 首先要撒好设计的种子

笔者在中国生活经常使用自行车。在宽广的校园里出行时没有比自行车更好的了。一般情况下不坐出租车，而使用公共的自行车。在中国不知道有多少人利用它使得大气污染得到了很大的改善，让人感到非常惊讶。

中国虽然有自行车专用道路但是并不完备。在骑自行车时机动车辆突然超车会使人惊出一身冷汗，一不小心瞬间就会出事故。"后方是否有车？"对于此视觉上是有需求的，但并没有这样的产品。

机动车上有后视镜，在可以看前方的同时后面的路况也可以看，这是利用了镜子的特性的一款产品。以前，自行车也有后视镜，却因为碍事取消掉了。骑自行车时需要后视镜有什么别的方法吗？中国某公司在头盔上装上了后视镜。

在头盔上装上后视镜的产品

虽然这个像是昆虫的触角很有趣，但是没有商品性。首先使用起来不方便，看起来也不美观。想要有成为产品的可能，设计上的核心是简便的使用和美丽的外观。这个是设计中基本中的基本。这一点无法满足的话和没有轮子的自行车是没有区别的。但该产品对需求提出了各自的解决方案。商品开发从问题提出开始，之后就是设计提案，拥有该设计，进行多次生产，就会诞生让世界感叹的产品。

　　没有一次就成功的事，撒下设计的种子继续研究下去的话，会回馈一个很远大的产品。最优先的是先撒下设计的种子。

5 - 11　露骨的设计是浅薄的

　　服务是从顾客的立场考虑，要解决他们的不满，为达到这个目的，必须从反向思维的立场进行思考。在服务方面，中国人的基本思考方式不变，是自身优先，其次是公司，最后是顾客。

　　笔者曾为了修理笔记本电脑去过售后服务中心 4 次。如果售后真的是在顾客的立场上想的话，顾客最多去两次。在中国人的思维方式里，售后是很无可奈何的一项服务，不太注重顾客的不便。

　　中国大型医院的患者多而医生相当不足，相对的设备跟不上。超负荷缠身的医生和等了很久的患者们逐渐地积累了很多不满。在此情况下进行就诊，两者会由于很小的事而相互发生争执，本来很安静的医院就变得很吵。

　　尽管这样，也只能忍耐的患者想要他们对医院有很好的评价是绝不可能的。靠名声吃饭的医院与顾客一样的患者产生矛盾，就如搬起石头砸自己的脚是一样的。

　　笔者在上海的大医院看病后，在医生面前进行了评价。从"非常满意"

到"不满意"分为 4 个等级。在韩国和日本，医生以尊重和信赖为本，因此在他们面前这种机器是不可能存在的。但在中国，为了提高患者的满意度，提高医院评价信任度，出现了类似苦肉计的想法。

上海某大型医院医生在给患者看病

治疗结束后，患者在评价器上对医生的亲切度进行点评

实际上笔者感觉这个评价器对于医生的态度还是可以左右的。被评价者多少都会受到这个评价的影响。医生也会用心地对待患者。但是，在看过病后在医生面前马上评价的这种设计实在有些浅薄。

设计是一种照顾，评价的确可以提高中国医院的亲切度。但是起码应该把机器放在让医生看不到的地方。在医生直视的情况下，怎么能进行评价呢？这就好像在讨价还价。

没有尊重和照顾的设计是不能长久持续下去的。相互能感受到彼此珍贵价值的才能长久持续。笔者又去医院做了健康体检，又一次看到了那个评价器，朝它笑了一下。会诊后想要做评价的时候怎么按都没有反应，已经不能工作了。

浅薄的设计，的确是不能长久。

好的设计会让彼此尊重，这种设计可以通过商业方式获得成功。

5 - 12　助演设计

上海的夏天能用"杀人"的炎热来形容！

刚公布35℃没有几天就超过了40℃。40℃以上后马上就会出现这样的视频表演，在柏油马路上打一个鸡蛋几分钟以后就变成了煎鸡蛋。出现这个视频以后，觉得在这样的夏天就这么出去会变熟。

这么炎热的天气有空调真的是万幸。最近教室里也安装了空调，让我们能和学生们在一起吹空调，想想以前真的是有隔世之感。以前从来没有过的遇到夏季就得的新现代病——"空调病"。空调的冷风使毛细血管紧缩阻碍血液循环，手脚发麻伴有眩晕。大夏天因为这个病，有些人准备了长袖的衣服。

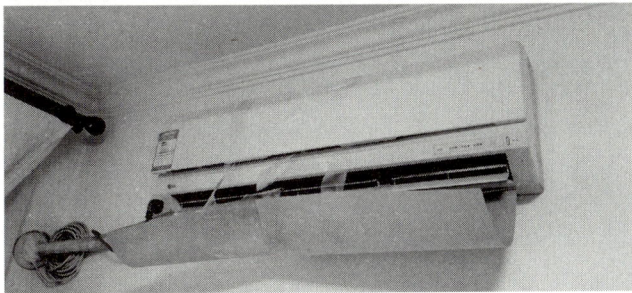

为了使空调的冷风分散吹，用纸张或塑料板来应急的设计

　　在中国我搬了新家。每个房间都有空调，孩子学习桌的位置放在了空调的下面。天气逐渐变热，开始用起了空调，但凉风直接吹着孩子的头，在这种状态下是无法学习的。

　　他们用厚纸、塑料板和胶带等采取了应急措施，把凉风吹散到一边。孩子说学习也变得很容易，睡觉的时候凉风不会吹到被子和脸上，真不错。虽然有些不足，但是经过这样设计以后心里觉得很舒服。

安装在空调上的挡风罩使凉风分散

　　笔者参加某饭局是在非常矮的一个房间。虽然有空调，但是空调与人实在是太近了，没办法凉风只能直接吹着人了，被凉风吹了那么久的人的确很受苦的。幸好有空调挡风罩使风分散。这样的好主意的确是很有意义的，使凉风分散的"挡风罩"弥补了空调的不足点。

在聚集了很多人的地方安装了空调挡风罩，使凉风得到分散

用挡风罩使空调凉风得到分散

在人群集中的地方空调也有很多。如果在多数聚集的地方没有很多的空调，在夏天聚会也是件很痛苦的事。虽然幸好有空调能让我们在很清新的空气中聚会，但在 1~2 小时受着直风吹也不是件容易的事啊。

在某些场所有的有这种挡风罩有的地方没有。我觉得通过这点可以侧面看出老板运营的心思。给予一点关照会使更多的人使用起来更便利。

笔者新搬的教职员工宿舍虽然有空调，但是没有挡风罩。笔者自己在网上购买时这才知道挡风罩有很多种。选择购买哪一种，看了以后琢磨了半天才做出了决定。有的是需要用强力胶固定的，甚至有的需要用螺丝固定，这样总觉得有点负担。最后还是选择第一眼就看中的、可以方便地设置在空调上的最便利的一款，花了 150 元。有这个挡风罩比没有的时候，睡觉时感觉更舒适。

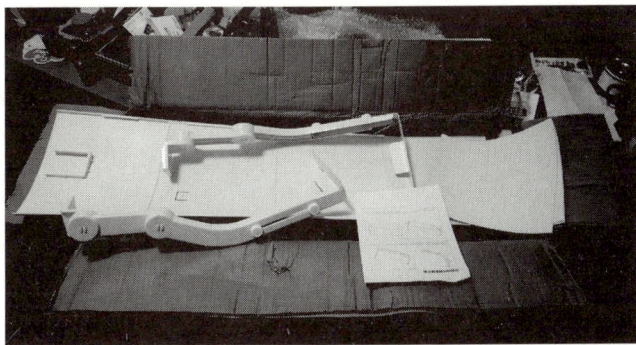

需要简单的组装

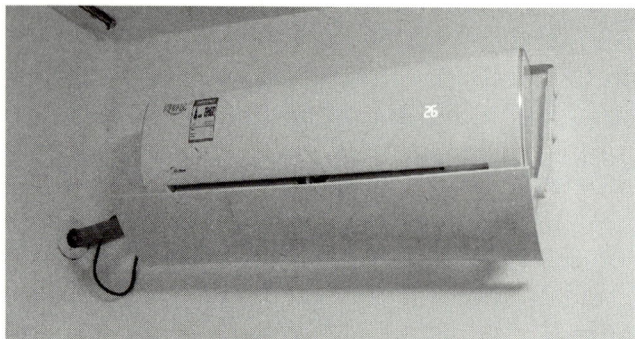

笔者在空调上安装了挡风罩

为了有个凉爽的夏天，空调虽然是主演，挡风罩是助演，但在此助演比主演的效用更为明显。空调不是谁都能容易研究出来的，但是挡风罩比空调更容易被研究出来。

老板在发现这种缝隙发明品后为确保竞争力将全力以赴。助演设计市场中如果成为必需品那么他的销售就会超出你的想象。助演虽然很多，但是助演随着设计的不同，它的存在感也不同。助演想要成长的话，要有一个好的设计为基础，那样在市场上才能互相提升。

第 6 章　融合就是创意

6-1　"百闻不如一见"应变为"百见不如一试"

上海繁华的南京西路上开了一家有 2787 平方米的世界上最大的星巴克。从一楼到 2 楼共有 10 个主题区域，人们可以感受到有关咖啡的许多体验。

店里的产品包装像是在一所工厂。生的咖啡豆会在传送带上转上一圈之后，被包装为 500g、600g 的两种容量。这种体验会让消费者感受非常神奇，并会自发性地通过微信来宣传星巴克。

跟着传送带转一圈的话，咖啡豆就会被包装好

星巴克早已不仅是卖咖啡，还卖面包、中国茶和咖啡杯，且这些都是令人们熟悉的。但在星巴克上售卖葡萄酒、生啤酒、巧克力甚至是衣服，

就让我感觉很不习惯。但仔细想想，这才是星巴克未来想要走的道路，不仅是在卖咖啡，更是在贩卖"咖啡的生活方式"。

把原本用来装咖啡的袋子制成衣服并售卖

一角卖着葡萄酒；在固有观念中，咖啡和葡萄酒并不搭，
因此这可能意味着星巴克以后的发展前景

在以前，人们会说，去星巴克并不是为了喝咖啡，而是体验美国文化。人们会满足于星巴克所独有的内容，比如服务员的态度和制作咖啡的速度。

会提供以往星巴克门店并不会提供的咖啡制造方式

在制作其他星巴克门店并不会提供的冰滴咖啡

　　消费者亲自将咖啡抬到桌子上且并不会感觉到繁琐。这是一种跨文化的包容。人们在星巴克会待上一整天来看书或工作，完全不会感受到压力。人们享受这种先进与时尚感，以及消费者通过"咖啡"这个介质来感受沉浸在"New Life Style"的氛围。

　　那么，当最大的星巴克坐落在上海时，是想给消费者传达什么样的信息呢？咖啡对于大多数中国人，还是更容易联想到"觉醒"，而不是"浪漫"与"对话"等感性形象。尽管如此，在急剧增长的中国市场上，消费者并没有实现消费升级。

　　中国消费者并不知道，咖啡的制造其实有很多种方式，咖啡的味道也有很多。所以，星巴克想要传达给消费者的信息就是"你越了解咖啡，生活就会更丰富"。

6-2　开发的最终目标是为了人与环境的和谐共生

不同产业间的界限变得越来越模糊。比如，在运动鞋上植入 ICT (Information and Communications Technologies) 技术就可以记录一天内的行走距离、速度还有路线。尤其是在运动场上奔跑过的选手们可以通过此技术得知自己在某一时间段内的速度，以秒为单位的心跳还有血压。传统的鞋业和 ICT 技术的融合造就了这些。

如果不运用这些新技术是不是就意味着无法跟上这个时代呢？并不是所有人都能拥有并且需要这种技术，而且只有小部分有条件的企业才能做出此种技术。听到这里，老板会说："并不是不知道有此技术，而是做不了"，因为这需要大量的投资。对于那些老板来说，这是可望而不可即的。

尽管 ICT 技术正以极快的速度在发展，但其初衷应该是为了消费者的。如果开发此技术不能将消费者的生活往更便利、更丰富的方向引导，这就成了没有意义的开发。

我有一双从美国亚马逊上购置的鞋子，由于其非常轻便，本人非常喜欢。但这双鞋子的鞋带很容易松开，所以对此问题我想了一些办法。

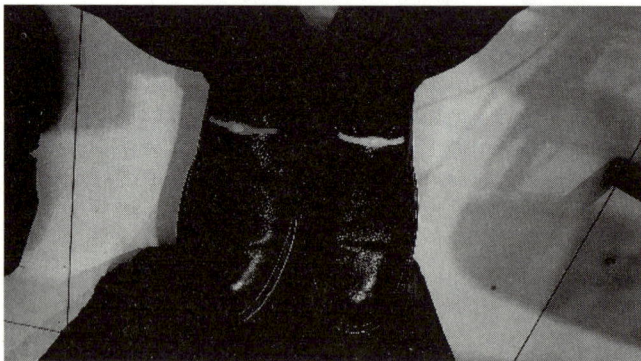

在鞋子上绑了硅胶绳子

有些鞋子用魔术贴来代替鞋带，有些鞋带的材质是硅胶，协调运用多种色彩可以看起来很时髦。还有些鞋子只要转动按钮就可以调节鞋带的松紧。这些鞋子的设计不同于传统的鞋子，算是价值的赋能。

转动原型按钮可以调节鞋子的松紧度（图片来自 NAVER）

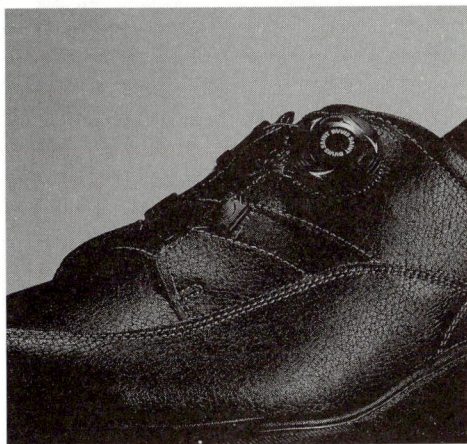

转动原型按钮可以很容易揭开鞋带（图片来自 NAVER）

　　包含第四次产业革命的新时代的到来，充满希望又令人恐惧。它会把世界完全变新，并且有些东西会完全消失掉。由于有太多的未知变数，我们不知道要往哪个方向前进。但商品的开发总是为了消费者使用的，包括技术、技术革新，这些都是为了消费者的，进一步说，都是为了建造"消费者、社会、自然环境"的和谐。未来发展将更是如此。

　　在充满变化的时代，老板们要将商品价值的核心放到"人与环境"的共生上。不论是利用核心技术还是运用小创意，只要坚守"人与环境"的基本哲学，开发的意义将变得更为明确。

　　不管世间产生怎样的变化，开发的终极目标始终是"人与环境"的和谐共生。

6-3　好好结合会形成功效更高的产品

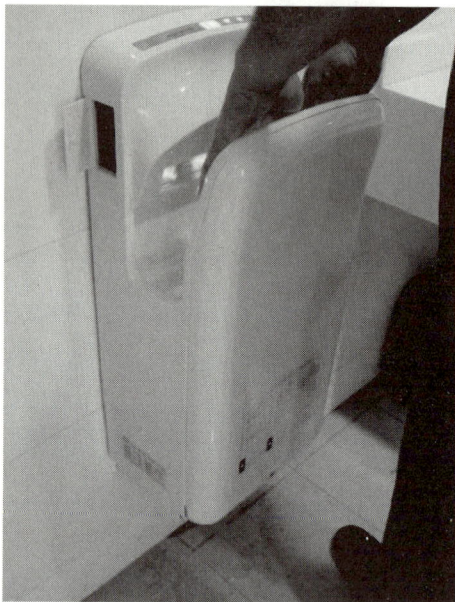

通过排放强力的气体烘干手的烘手机

　　笔者在年轻时，看到日本某百货店洗手间上的烘干机，通过排放强有力的风来吹干手，笔者发出赞叹。

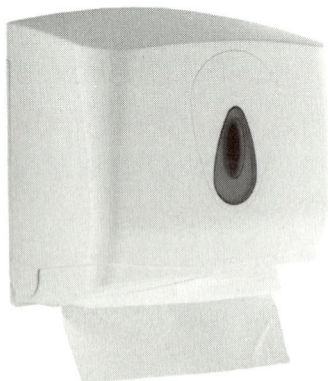

由于文化习惯而
使用的纸毛巾

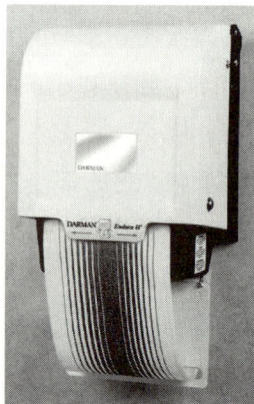

在盒子内部有毛巾，用户可以拽
出毛巾，把手擦在干净的部位

在过去，需要抽出纸张使用，或者在盒子内部有像卷纸一样卷着的毛巾。毛巾盒子的特别在于其构造，只要用双手拽出毛巾，在干净的部分出来的同时，用过的部分会进到盒子里。

当时作为留学生的笔者在饭店兼职期间，负责把收到的毛巾安置在盒子内部。每天平均更换两次，记得在客人多的时候曾换过三次。一开始为了把毛巾安在盒子中费了不少劲。盒子内部构造复杂，若不熟练掌握会吃不少力。手纸是用木头制成，会破坏环境；使用毛巾后需要清洗，同样会污染环境还需要物资。再加上很难在盒子内部安上毛巾。在这种情况下，排放强风烘干手上的水，甚至还有消毒的效果，这让人不由自主地发出赞叹。

但是这种烘手机时常被放在离洗手台几步远的地方。洗完手后，需要走几步才行。手中持有其他东西时，会十分为难，但是人们一直以来克服了这种困难。

水龙头旁的双翅部位排放强风，可就地烘干手

照片中的产品是戴森（Dyson）的新产品。在水龙头的两侧会有强风吹出。洗手完毕，把双手靠在两侧会有强风自动吹出并吹干手。水龙头和烘手机二合为一，不需要移动可当场洗手并吹干。多么便利！

从很久以前开始就有两个或三个产品结合起来发挥巨大的增效效应的

产品。"录音磁带"也是其中一个产品。"录音机"和"磁带"结合在一起，在没有 CD 的时代，可以轻而易举地录下收音机播放的曲子。每个产品的作用汇合会增加它的效果，融合在一起后成为畅销产品。

水龙头和烘手机，完全不同性质的产品结合在一起，达到既便利又特有的、超出想象的效果。人类在不断地追求便利。设计看穿这一切，给用户提供便利。

希望经理您能仔细观察身边的产品，看看有没有产品结合在一起能发挥更大的效果。那么，您的产品将会在市场大受欢迎。

这就是复合时代开发新产品的方法。

6 - 4　咖啡的变身

上海某家咖啡店把咖啡装在铝罐中销售

如果在咖啡厅点咖啡，通常会盛在马克杯、一次性纸杯或透明塑料杯中端给顾客。没有例外。这是必然的事情。星巴克作为咖啡市场上的巨头，以先进的方式进入到咖啡市场，生存下来的唯一方案无非就是保持自己的差异性。

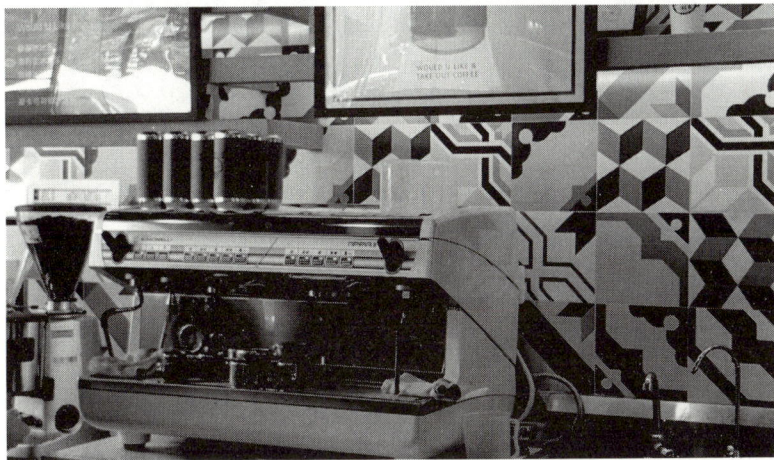

冲咖啡的机器上摆放着铝罐

在历史短暂的中国咖啡市场中，咖啡产业开始渐渐兴起。笔者认为，中国人非常讲究茶的味道，但是还不太会品尝咖啡的味道。凭借咖啡的味道来实现差异化还为时尚早。那么，该怎样保持它的差异性？一般的咖啡店会用有氛围的室内装饰来展示它的特性。令人感到遗憾的是，室内装修占据整个投资的一大部分，老板不得不为此苦恼。

如今，在中国的大都市手持一杯咖啡已成为人们的日常。如果更换打包带走的包装杯会怎么样呢？这里有和罐装啤酒一模一样的咖啡罐。咖啡师会在顾客面前密封罐装咖啡。这种咖啡不是已经做好的，而是在客人面前现做的新鲜的咖啡。

已在超市中销售的罐装咖啡，其保质期较长。我们会觉得这种咖啡不够新鲜。但这家咖啡店却有所不同，会当面把咖啡机中取下的咖啡密封起来。多么具有创意！眼前的咖啡师所展示的安全感和视觉性的刺激具有新鲜感，非常有效地实现了设计的作用。

右侧的罐装咖啡有着和罐装啤酒相同的容器

创意不是来自远方。如果在我们周围寻找就必能发现。作为经理的您环顾四周，想必会看到什么。

6 - 5 关怀给人带来便利

上海地铁地面上贴有指向标

地铁是市民之足。上海地铁利用最短的时间，打造了世界上历史最长、路线最长的地铁。随着地铁的发展，多条线路交合在一起的情况逐渐增加。在历史上曾有 20 个左右出口的站点，不知哪儿是哪儿。在这种情景中若没有指向标，地铁简直就像个迷宫。

　　通常，指向标被贴在墙面上或天花板上，有的会贴在地面上。大多数人都是靠指向标来出行。跟着这种指向标走下去，会发现中途有断开的现象。此时，会踌躇片刻，左顾右盼去寻找指向标，令人感到不安。

首尔地铁的地面上贴有指向标

　　韩国首尔芦原站的 4 号线和 7 号线彼此相接。两支线路乘车的地方距离甚远。头一次到此站的人难免会东张西望地寻找换乘的方向。指向标通常贴在墙面上，可是在芦原站的地面上也贴有指向标。中途没有断绝，一直贴到尽头。只要跟着这个指向标走就行了，令人放下心来。让人放心的设计是好设计。墙面上断断续续出现的指向标有可能会使人错过。地面上的指向标被磨损没了，会变成脏块儿。易脏的设计并不是好设计，因此令人不安。笔者有过数次这样的经历。

上海地铁内部墙面上间断性地贴有标志

笔者建议在天花板上设计接连不断的指向标（知识产权归笔者所有）

可以从一开始就在地面上用有颜色的大理石施工。但是若想在已施工完毕的地面上重新设计，则需巨额费用。因此笔者思考，若在天花板上设计指向标该如何呢？

比起地面，设在天花板上，无论是谁都可以看到指向标，管理起来也很容易，也不会发生被磨损的现象。笔者认为，只有关怀才是设计的核心价值。受众感到舒适和安心意味着"得到关怀"。

在适合生活的地方往往有互相关怀的文化。好的设计从关怀开始。关怀受众和环境，这样的设计将是好的设计。只有把关怀融入设计中，设计才变得像设计。

6-6 符合时代风格的设计才会受到市场欢迎

在日本，豆腐料理种类繁多，人们在平日里也喜欢吃。随之而来的是生产豆腐的公司数不胜数。其中，京都的豆腐由于其水质量良好成为首选。在 1968 年，三和豆腐打开了京都的大门。在 2004 年，伊藤信吾接手父亲的豆腐店后开始陷入了沉思。

日本丰富的豆腐料理

　　看着自家的豆腐店生意日益惨淡，自己勉强维持着生计，今后该如何生存？在京都的街道上，拥有数百年历史的豆腐店林立着，都在争夺顾客。

　　所有店铺的豆腐价格为每块 100 日元，其味道没什么差别，形状都是四方的样子。既然如此，他想，"一定要变化，需要与众不同。"其想法跟最近热门的粉色企鹅相仿。

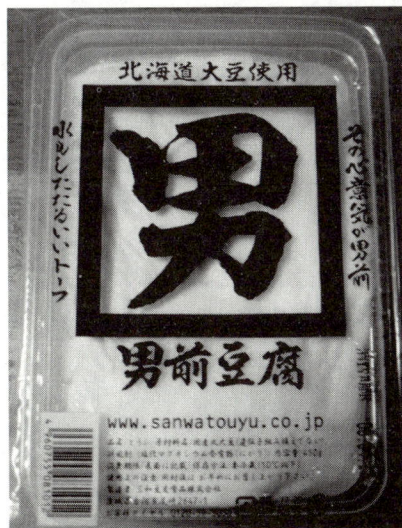

"男子气概豆腐"的豆腐包装

　　关键在于如何做出与众不同的豆腐。在 2005 年，年龄为二三十岁的日本男性被叫做"草食男"，即像草食动物一样没有攻击性的男人，是指没有勇气和希望，因此毫无魄力的男性。

伊藤信吾觉得有必要给予这时代二十多岁的男性勇气，因此给豆腐品牌取了一个"男前豆腐"（即男子气概豆腐）的名字，店铺也改称"男前豆腐"。

当时一提到豆腐，母亲形象太过强烈。因为人们想尽办法把女性柔软的形象附加在豆腐中。

但是"男前豆腐"稍微提高了其豆浆浓度，使得味道更加香浓，强调了男子汉气概，并且把包装设计成了用毛笔写的大幅的"男"字，为的是强调其魄力、勇气和义气。这竟也能作为豆腐包装，他的想法确实了不起。其价格并不是 100 日元，而是以 300 日元的高价售卖。这是 2005 年发生的事情。

以多种设计推出的"男子气概豆腐"包装

这豆腐真的会有人买吗？这么荒唐的"男子气概豆腐"相比一般豆腐来说价格昂贵三倍，竟然会热卖。吃这块儿豆腐的草食男，莫名觉得自己会成为男人，感觉会充满勇气和魄力，开始买来吃。由于取了这么荒唐的名字，各界媒体开始登门采访，为其报道。

大众媒体开始报道后，2006 年、2008 年和 2010 年销售额竟然达到 600 亿韩元、800 亿韩元和 900 亿韩元。用单一的豆腐品牌打造如此高的销售额是令人倍感惊奇的事情，而且这还是日常营业额的 100 倍。

　　笔者认为在设计所有的商品时，要设计出商品本身固有的形象和最有价值的部分。这种豆腐的取名和包装虽然略显荒唐，但是它与时代的要求相配。并且，听他们所创作的各种歌曲会情不自禁地笑起来。这与曾经风靡一时的江南 Style 相似，很容易学会反复出现的韵律和配舞。或许，有人会觉得一个豆腐制造商没必要做到此种地步。但是现在时代已经变了，需要让人们不由自主地哼唱。

近期的宣传片——展示强烈的男性形象，虽有些不着边际，但是非常有趣

近期的宣传片——"想拥抱的豆腐"的歌词不禁让人发笑

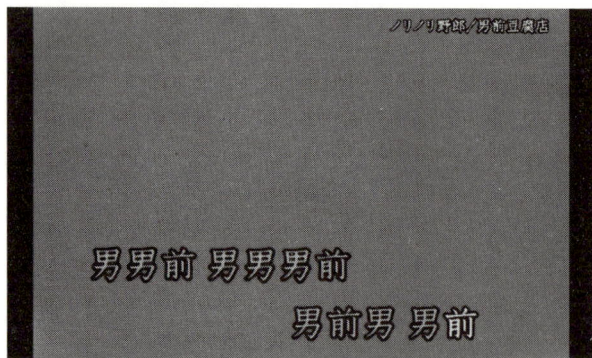

作为公司的司歌，其歌词中反复出现"男人，男人"，不论是谁都可以轻易跟唱

　　快要倒闭的豆腐厂，虽说其品牌名称和营销策略多少有些荒唐，但它与日本的时代背景相吻合，独有的风格和映入眼帘的设计使其重生为坚固的企业。

6-7　新体验打造新市场

　　老板说现阶段市场处于饱和状态，无法卖出产品。买的人有100，商品或服务达到150，其余的50不得不剩余。供求关系不平衡，竞争格外激烈。在有限的市场中只能靠着分吃勉强挺着，因此想要做大蛋糕。怎样才能使蛋糕变大呢？其对策之一就是开辟国外市场，给有需求的地方提供产品，这是最切实的办法。到那里会面临相当大的风险，但是如果能确定的话，照样值得一去。

　　可是，连这些市场也会迟早饱和，只能去寻找其他市场。进入其他市场前需要提前充分熟悉当地的文化才行，否则会狼狈不堪。

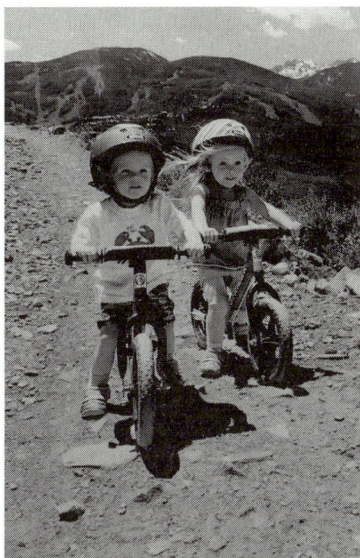

在凹凸不平的地面上骑着无脚蹬自行车的小孩子们

山地车对小小年纪的孩子来说非常危险。对于 3 ~ 5 岁的小孩儿来说，在三轮自行车或者两轮自行车上配上小小的辅助型轮子就够了，就只是在村里骑着玩儿罢了。在此基础上再设计设计，凭价格来开发和竞争。之后，没有什么可发展的地步。去改变设计风格也只成了老一套的东西。

在人行道上高兴地骑着无脚蹬自行车的孩子

　　在韩国和日本所有制造传统儿童自行车的企业都倒闭了，在价格竞争中败下阵来，失去了立足之地。欧洲也是如此。但是他们创造了新的市场。他们制造了没有踏板的自行车，其自行车车体既没有脚蹬，也没有刹车。这种自行车索性用两脚来使劲儿向前驶，想要停下来时，靠两脚着地来停下，颇有野性的味道。所受到的体验会和带脚踏板的自行车截然不同。以新的概念定位了自行车，在这个市场开始乘胜前进。

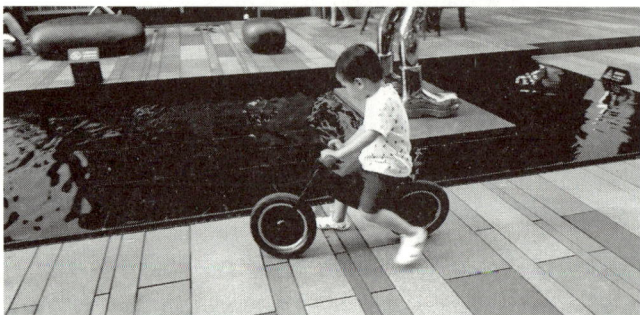

在上海某胡同骑着无踏板自行车的孩子

　　用意想不到的使用方法，制造出新概念的自行车，提供了新的体验，随之诞生了新的需求。开发产品的核心就是开发能够提供新体验的新的使用方法。那么，会产生新的概念，以及新的市场。

6-8　把传统的设计成带有现代风格的

　　八月中旬，三伏的大热天上海街头坐着一群做艾灸的人们。笔者认为中国的传统医学为了健康的身体将气血打通是很重要的。针灸、艾灸是以中国为中心的东方独有的治疗方法。

在上海街头，人们聚在一起在颈部后面和膝盖上做艾灸

很早以前，中国、韩国和日本的民众在觉得身体不舒服的时候都会使用艾灸调理身体。

在某人颈部后面做艾灸

笔者在韩国看到的艾灸是将干燥的艾蒿做成半个米粒大小后，放在阿是穴处或者经络穴位处点燃后用热疗进行刺激。中国有很多种艾灸方式，在颈部或者关节处使用一个方盒子，内部用一个 1 元硬币大小的圆形艾叶棒进行艾灸。

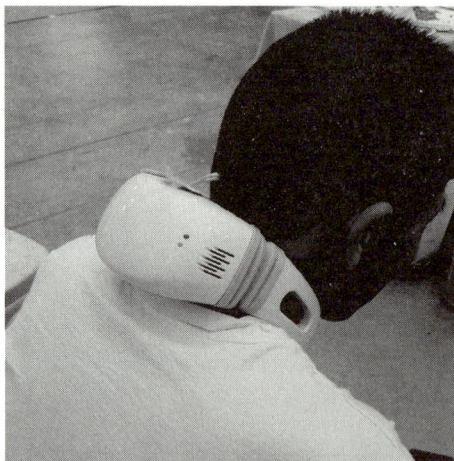

颈后部是在使用现代式艾灸器进行艾灸

　　使用这种方法艾灸后身体明显变得很轻松。但是这样做在家里想都不敢想。一股难闻的气味令人作呕。体验室不能设置在室内，这么热也要在外面操作。烧掉的艾灰也是个问题。但是当人们尝到甜头以后是很难离开它的。

　　以前的传统方式很不方便，处理也很麻烦。这种艾灸与以前相比较还是一样，没有多大进展。虽然有效果但还是传统方式，几乎无人问津。想要受到关注、想发展就需要新的设计。中国一家公司设计出的一款新的艾灸器很符合现代生活。

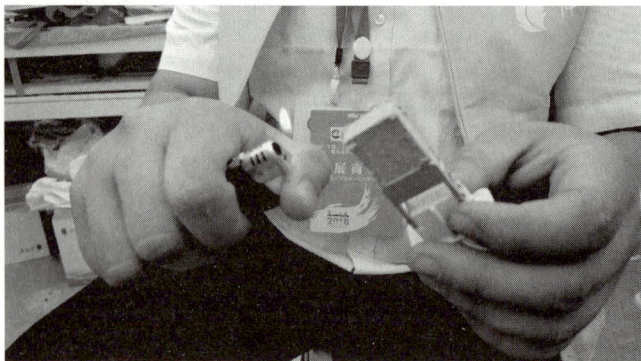

长方形的艾条点着后放入机器内部即可

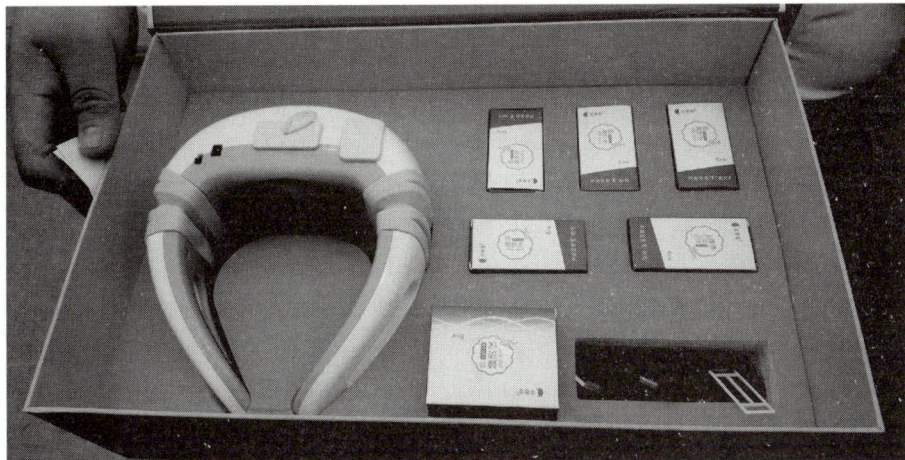

艾灸器套盒 399 元

　　长方形的艾条点着后放入机器即可。艾灸器内部有小风扇可持续送风使艾条充分燃烧,同时也可过滤烟雾和燃烧后的气味。笔者亲身体验过了,烟味没那么严重,烟雾经过过滤后几乎没有了。但是想要使用的话还是会有这样那样的不便,完成度很不足的一款设计。觉得很新鲜的是,尽管这样还是有人在别人没有想到之处有了新的具有可能性的想法,并进行了产品的研发。

　　传统中好的产品在我们的生活中应有尽有。随着时间流逝,祖先们的智慧还是令人很佩服的。以前是按照当时情况进行的设计,现在是按照现代生活进行设计。如果不是那样,再好的传统也会受到冷落。优良的传统在我们的周围是有很多的。设计出一个符合现代生活的完美设计吧,这将会打开一个全新的市场。

6-9 变化中才有新的设计

唯独中国料理中的烤串和火锅会使用一种很强劲的香料。

羊肉、牛肉、鱼、蔬菜等在炭火上烤会冒出很多烟 (图片来自百度)

在上海有好几家以烤串和烧烤闻名的地方,笔者偶尔也会光顾这些餐厅。烤串料理中,羊肉、牛肉、海鲜、蔬菜等被炭火烤着,油滴在火上冒出烟,就像在烧湿的木柴一样,浓烟很刺眼鼻。

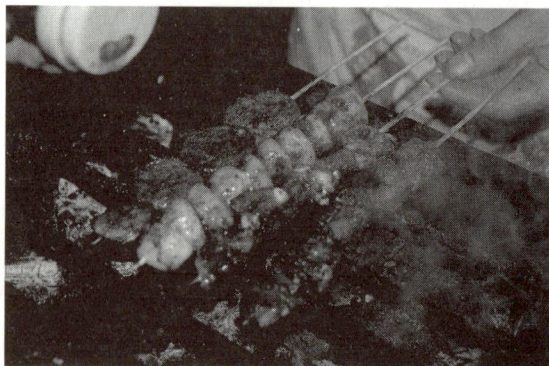

烤串料理的肉上撒上中国特有的香料,散发出强烈的烤香 (图片来自百度)

烤肉的时候,在肉上撒上中国特有的香料。它重新燃烧在炭火上,散发出美妙的香气。相当诱人的口感,可吃一次浑身都是它的味儿。

火锅汤一边是用辣椒、生姜、香料等制作的辣味汤底，
另一边是用肉和青菜做的清汤底（图片来自百度）

　　火锅店在熬着辣汤的时候可以得到一种很刺激的香味。本身就是很强烈的香味，甚至会使鼻子都变得很麻。味道的确很不错，但衣服和头发都沾上辣味，这个令人有点不适。抱怨说"这种气味太难闻了"的顾客不是一两个。因为这种气味，有些人不愿意去吃火锅。但即便如此，为了口感愉悦，身体也不得不忍受气味了。到目前为止，这个香味完全由顾客负责。

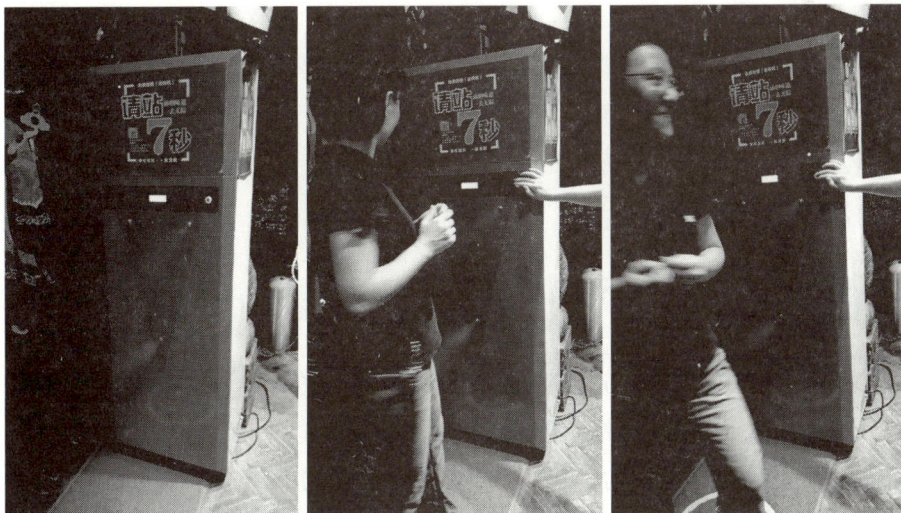

上海一家火锅店门口的除味机，饭后正给客人喷去衣服上的刺鼻气味。
7 秒钟之内，3 处除臭液喷射出来

　　站在除味机前，只要按下开关，在 7 秒内，除臭液就会从 3 处喷射出来。顾客可以转过身去，将除臭液沾在衣服上。机器以简单的原理运作，但构思有趣且具有实效性。

　　世界正在改变。上海一家火锅店门口有一台可以闻到气味的机器，正在向吃完饭后外出的客人喷洒进行除味。

　　站在除味机前，笔者无数次看到在沙发、车内、衣柜里撒除臭剂的广告。广告中用喷雾器喷洒后，一位主妇感受到了清爽。笔者也用含有除臭剂的喷雾器喷洒在沙发或车内，试着去除气味，但老喷洒在同一个地方。手拿的喷雾器会喷洒在物品上，不会想着喷洒在人身上，但有这种机器放在出入口，会减少很多负担。

　　如果设置的机器是柔和的设计，那么你我他都会站在机器前面。

　　这个让人有享受特别服务的感觉，的确是站在顾客立场上着想的，这是一个商机。

　　设计最终是为了顾客。

　　快速变化的现代技术应该被应用在更多的服务领域。差距在于你有没有能够发现它的慧眼。

6-10　用设计应对未来

　　每次在杂志上或市场上直接看到新商品时，笔者对在进行开发商品的老板和相关人士的辛苦致以谢意。如果我设计了这个商品的话，那么这个商品下面要采用什么样的设计呢？展开想象的翅膀，想象是无止境的。现在要想生产产品，很多技术制约是难以轻易消解的。

　　随着第四次产业革命时代的到来，技术上的制约将逐渐消失，产品开发将更倾向于满足用户的感性需求。第四次产业革命的人工智能、BigData、Iot 等核心技术的兴起，使社会将成为超链接社会、超智能社会、完全个性化定制时代。

没有想不到的技术革命，但技术只是技术。该项技术要想发挥价值，就要将其与设计同时融入我们的生活。

用户正要去参加派对，站在人工智能衣柜前犹豫穿什么好。人工智能衣柜将衣柜里的衣服为用户精心地搭配，然后介绍最近出来的新衣服。利用衣柜的屏幕显示用户身上搭配的效果，商店用 3D 打印机打印出适合用户尺码的鞋子直接送货上门。

衣柜建议用户穿什么衣服好看

无人驾驶汽车将很快进入我们的生活。到目前为止，汽车只在交通移动上有了用途，今后将在办公空间、居住空间、休息空间、游戏空间等发生巨大的变化。司机睡一觉后就可以到达目的地，在忙于其他事情的同时时间利用观念也会改变。因此，旅游业被挤出，数不清的行业变化将不可避免。

世界在变，变化中有商机。商务从看未来的视线开始，为未来做准备的人，将站在未来路口等待机会。

用户睡觉时，无人驾驶汽车行驶到目的地

　　设计是把想象的未来变成现实的行为。充分利用设计吧，未来的商机可以成为我们的商机。

第 7 章　创业时活用设计

7-1　到什么程度是创造，到什么程度是山寨

"到什么程度是创造，到什么程度是山寨？"这个界线非常模棱两可。若一个公司听到自家设计的是假的，那是件不光彩的事情。而我们会经常听到这样的声音。

作家会认真阅读其他作者的文章，并且会一字不差地抄下来练习；而学画的学生会仿照伟大画家的作品画画。如果想要有好的设计，同样需要仿照市场上无数个设计品去练习。在学习阶段，一模一样地模仿极其重要。那么，下一阶段需要做什么呢？

在设计方面，把市场需求和消费者的内心诉求融入设计上尤为重要。但是应该在网络上收集许多设计方法后，把设计仿照下来再进行适当的组合。设计的核心在于后期问题。首先要使它美观，不考虑功能，先从设计外观开始。

老板真的像神一样，觉得自己比一般的设计师更了解设计。看着设计师准备的设计方案，就说这个设计貌似模仿了某公司的什么品牌商品，接着会——指出来。然后，设计师会说："我要疯了。"接着会听到这样的声音："没错，只能发疯……"设计师既没有设计分析，又不考虑未来的发展趋势，同时没有理解顾客和经理想要的设计，不知从哪儿入手，再加上没有明确地表达公司品牌理念的思路。

虽说老板没有要求这些，但是会理所当然地抱着期待。如果不期待这

些，那么经理一开始就不会委托设计方案。因为没有要求，所以不去考虑。在过去，这种逻辑能够被接受。但是现在不同。当经理在委托设计方案时，期望着能够在市场上存活下来，并且会就此提出更多的建议。我们要认真参考市场上已有的设计，在市场上，如果商品具有优势，那么商品自然就具有特色。这种特色要得到经理的认可投资，才会有好设计的诞生。

仿照耐克的山寨货（图片来自百度）

在设计之前，如果对于"为什么要设计"下正确的定义，那么就可以创造出来。如果没有这一步，那么设计上会碰壁，面临极限。如果不回到原点进行设计，只能去仿照他人的设计，自然而然地会成为抄袭他人设计的"山寨货"。

在开始设计前，老板和设计师如何着手设计的态度和准备程度的不同导致的结果会有天壤之别。其结果不是创造，就是山寨。

7 - 2 好设计塑造强品牌

好的品牌来自消费者对产品和服务的满足，而好的产品来自好的设计。

企业的愿望是获取更多的利益。因此，老板们为此不分昼夜地在思考，而答案却意外的简单。只要消费者在使用后获得满足感从而"再消费"，并且说出"很好，很好"，就算是成功。这样就产生了忠诚用户，也就产生了品牌。

为了塑造好的品牌，企业将所有的精力投入在此。利用公司内与社会的所有人才，以他们的智慧与知识来开发产品和服务，甚至是做广告。这一切只是为了塑造好的品牌，因为好的品牌才能为企业带来利益。

"无品牌的产品"——日本的无印良品不同于其品牌寓意，有着很强大的品牌。从一开始的小公司到如今的大规模，几乎所有人都认识 MUJI。

MUJI
無印良品

无印良品

无印良品知道消费者向往新颖的东西，而且是富含意义的新东西。无印良品注重"品质"和"干净的设计"，以此来占据市场。有很多的日本产品有着简洁的设计，但无印良品更加追求极致。无印良品拒绝让人容易厌倦和消耗更多费用的花哨的设计，而赞成此理念的消费者会带着愉悦的心情购买无印良品的产品。

一个公司是否有像无印良品那样的理念是一个重要的问题。有理念才能成形。不要说不知道该怎么做到理念，只要有品牌最想主张的价值就可以了。只要一直主张此价值，就能形成品牌。我们可以打与无印良品相反的战略，可以做主张"华丽"与"活力"的设计，并且已经有很多公司和品牌有如此的理念。

　　顾客不是傻子，顾客在意真正的价值。公司有何真正的价值是一个关键因素。明确的品牌理念也有助于制定市场战略，公司的价值哲学将成为市场战略的土壤。

　　设计是把哲学形象化，设计决定形象而想象决定人的心意（感性）。我们对于吸引人的形象会赞不绝口，称作"好的设计"。人们会先从视觉上捕捉设计，而视觉很容易存留在人的脑海中。只要人愿意在脑海中反复回顾此设计，好的品牌就塑造起来了。为了在顾客的脑海中留下好的印象，一定要注重首先映入顾客眼球的设计。

7 - 3　10 倍提高设计工作效率

　　在合同中，比起用口头来契约用书写的文件更有信用，文件比口头更明确更正确。要细心地研究合同里面的每一个字，这样文件类的合同能给契约者带来安心。口头上的约定会带来误会和纷争。

　　无论公司的规模是大是小都需要设计部门，就算要制造一个很小的传单也需要设计。没有设计部门的公司会去附近的设计公司委托他们的产品设计。看起来很简单，其实在产品资料的来往中会花费很多时间。设计方案一出台，就会进行一两次修改工作。在一两次修正中工作结束的话那算是很好了。

　　为了使事情顺利进行，要制定设计订货单，向设计公司提供要求事项。只有很少的公司会提供设计订货单。他们认为都是自己人，他们都懂公司需要的是什么所以不采取设计订货单的方式。如果公司内有设计部门的话，老板们必须在公司内立刻执行设计订货单的方案。一开始其他部门会对这方案感到烦躁。到目前为止，其他部门都是在甲（上官）的立场上向设计部门命令所需要的要求，设计部门就会自行做完一切。

设计委托书			
本项目名			
①发行部门		②发行者	
③发行日期		④希望完成日期*	
⑤设计案使用用度			
⑥使用地点		⑦使用期间	
⑧设计案的 大小（规格）* (单位 mm)			
⑨设计案所使用的素材 （纸，塑料等）			
⑩需要的内容* (句子，广告词)			
⑪想要的形象 (有图片请添加)			
⑫单价			
⑬注意事项			

在*项目里请必须填写需要的信息.

设计委托书的格式

设计订货单需要以下内容：项目名、发行部门名、发行者名、发行日期、希望完成日期、设计案使用用度、使用地点、使用期间、设计案的规格、设计案所使用的材质（纸、塑料等）、要添加的内容、向往的形象、单价、注意事项，有了这些会更有效率地跟设计部门沟通。

以上述方案为中心来制作设计订货单并进行相互沟通的话，每个部门会产生明确的责任。这样可以在设计工作中大大减少变更颜色，变更形象等问题。

设计订货单越详细，业务效率就越高。所以没有理由不做这个。老板们为了公司的发展实行了不少的努力，有这么好的方案为什么不采取呢？

是因为不知道有这样的方案。现在懂了，那请你立刻实行吧，那么设计部门的工作效率就会提高 10 倍以上。

7-4　设计的开始是调查

　　"在研发新产品时，您先做什么？"大约从调查开始。设计也是一样。设计的开始是调查。没有任何调查的设计就像是没有问题的答案。那么应该做什么调查呢？希望进行这项调查的是"用户调查"和"竞品调查"。

　　"用户调查"是指，用户购买该物品的动机是什么、在使用过程中在何种程度上感到满意和不满意、到底有什么用途。这是非常重要的调查。但是很难做到。首先遇到这样的用户并不容易，其次需要费用。

　　作为"用户调查"方案，向卖场销售员咨询也是一种方法。销售员只能在销售现场找出购买者的需求。通过调查可以使卖家得到买方的需求。此外，针对前来购买商品的顾客进行调查。现在是网络购物的时代，与这样的对象见面是不同而且不易的。即便如此，最好还是去对两性进行比较。

中国的京东购物网站 (www.jd.com)

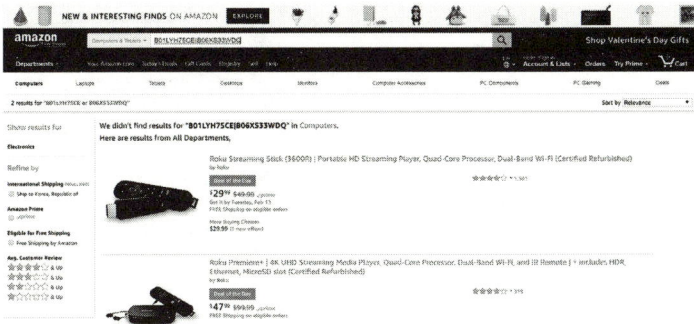

美国的 amazon 购物网站 (www.amazon.com)

第二个调查是"竞品调查"。互联网的发达使其比以前更容易了。"竞品"资料可以通过因特网收集。如果从各个国家的"商城"网站来看，价格和人气排名都很好的话，就能看出顾客对商品的反应较好。

日本专利局 (https://www.jpo.go.jp)

韩国专利局 (http://www.kipris.or.kr)

中国专利局 (www.sipo.gov.cn)

为了获得新的创意，在各个国家的"专利局"网站也可以获得相当数量的资料。进入韩国、中国、日本、美国、欧洲等国的专利局网站后，可以判断出自己的想法是否侵害了他人的想法。只有这样，才能事前预防设计或创意的侵害问题。然后进入"众筹"可以了解到创新性商品的信息，可以发现隐藏的需求。

美国最大的众筹网站 (www.kickstarter.com)

此外，进入"众筹网站"，可以了解到有关的创新商品的信息，可以发现隐藏的需求。提出好主意是非常重要的。虽然好主意可以构成公司的核心价值，但如果这样的好主意已经在竞争公司中存在，那就是毫无意义的事情。因此要彻底调查竞争对手的产品。如果在竞争公司中已经有了老板的好主意，就应该想出比这更好的主意。

虽然老板看到了世界上无数的展示场和市场，但也不能一概而论。世界各地正在开发的产品不计其数。如果有自己想要的产品，首先应在上述网站上进行调查。只有了解他人才能制造更好的产品。调查是在产品开发、设计开发前最基本的。如果想做，就得进行更多的调查。

7-5 说明书要像宜家一样

购买商品后，阅读说明书可以说是一件苦差事。复杂的产品，其说明书更为难读。有些如同书籍一般厚，光看着就让人感到负担。但是不能没有说明书。其中记载着产品的使用方法和联系方式等内容，对于好奇使用方法的人来说，说明书可以说是一种对策。

用发泡聚苯乙烯制作的球形运动器材

这是一个比拳头稍大的辅助运动用的球。看一下说明书，便能大致明白怎样使用它进行运动。没必要费劲去读芝麻粒儿大的字体。公司虽然写了长长的说明书，但没有人会愿意读下去。能够让人一目了然的无非是图片，无论是谁都更容易接受图片。

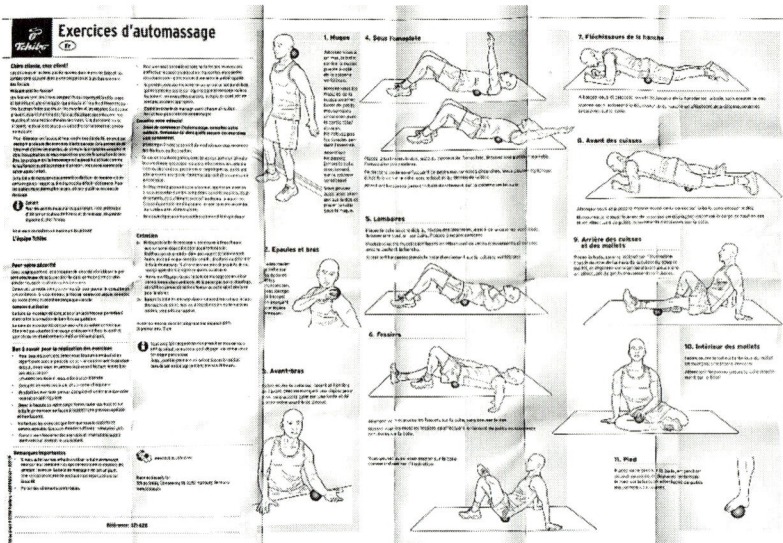

用发泡聚苯乙烯制作的球形运动器材的说明书

　　宜家 (IKEA) 以全球市场为对象，销售家具和生活用品。宜家的基本风格是 DIY (Do It Yourself: 自己制作)。用户要想组装初次购买的商品，需要说明书。宜家的说明书除了商品名称之外，没有任何文字，但是不管是谁都能看懂。

宜家家具的说明书只在第一页写有商品的名称

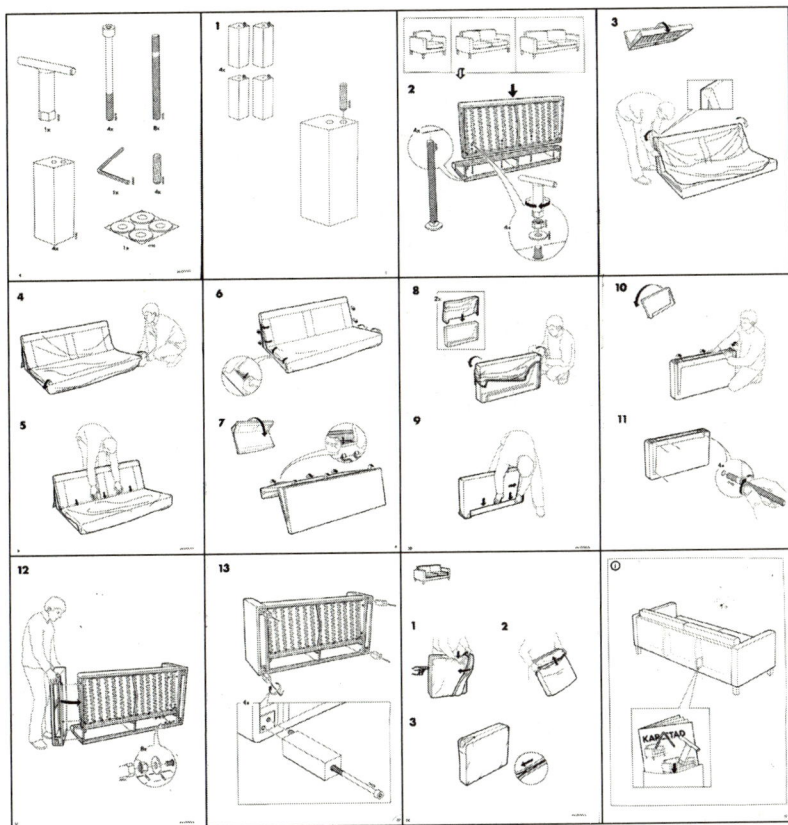

完全没有文字的家具组装说明书

　　虽说没有任何文字，但是全世界的人都能看懂。通过表现得具体的图片，可以直观地明白，是具有关怀和心意的好说明书。

　　说明书也需要设计。顾客不想看只有文字的说明书。在这个全球化的时代，若想让其成为各种各样的人都能使用的商品，首先要从说明书简单化开始，就像宜家那样。

　　设计的说明书如果能让人一目了然，贵公司便会大大升级。

7-6　设计是力量，是权力

早期的米老鼠角色（左），最近的米老鼠（右）。
随着时代的变迁，米老鼠也在变化

　　看到米老鼠会产生什么样的感觉？可能会觉得它可爱。这个米老鼠是华特·迪士尼（Walt Disney, 1901—1966）在刚步入社会，到处求职面试时画的画。

　　当时的他住在简陋的仓库，面试回来在家休息的时候，仓库里的老鼠四处逃窜。正当他直直地看着老鼠时，传说中的米老鼠就这样诞生了。

　　自古以来，老鼠是东西方文化里头肮脏、丑陋的动物。尤其是在欧洲，因为瘟疫（黑死病）发生了全欧洲人口的 50% 死亡的大事件。人们知道病的缘由是来自老鼠后，老鼠成了被诅咒的对象。就算是最近，还是会有人看到老鼠后大声尖叫，想必当时更加厌恶。

　　华特·迪士尼就把这样的老鼠选定为一个角色，把整个世界创造成了华特·迪士尼的世界。众多营销专家提到，成功的内在是由"设计"和"讲故事"构成的杰作。说得确实没错，但是笔者觉得其前提是那华特·迪士尼顽强不屈的信心。看到胡言乱语的迪士尼，当时肯定有许多人说他是"疯子"，不知他是哪里来的那种信心，简直不可思议。

　　作为人类的我们不断地凭着各种信息和经验来思考。其中，会把自己亲眼目睹的放在第一位，更加相信自己的眼睛。众多媒体通过描述可爱的米老鼠，使人们产生错觉，觉得自己和老鼠是关系要好的朋友。人的认知非常奇妙，总是以自己舒服的方式进行选择。很容易把认知转换为对自己有利的方式解码。

如果把米老鼠打造成穿行在臭水沟的，既肮脏又丑陋的恶棍，那么会成为与之截然不同的状况。想象力可以打造形象，反之形象会非常强势地支配想象力。现实上是"老鼠"，但是会根据想要展现的角色，其认知框架也会随之变化。

人类的认知会通过设计而变化。设计会打造认知框架。因此设计是力量，也是权力。

7-7 意识到问题才是设计的根本

笔者在日本留学时宿舍内的乒乓球台是唯一的运动器材。晚饭后，各国学生自然地打起了乒乓球。渐渐地，打赌赢饮料便成了国际比赛的重点。当饮料和国家的荣誉联系在一起时，大家都会用尽浑身解数取胜。我的乒乓球技在众多国家学生中算是"国家队级"的。

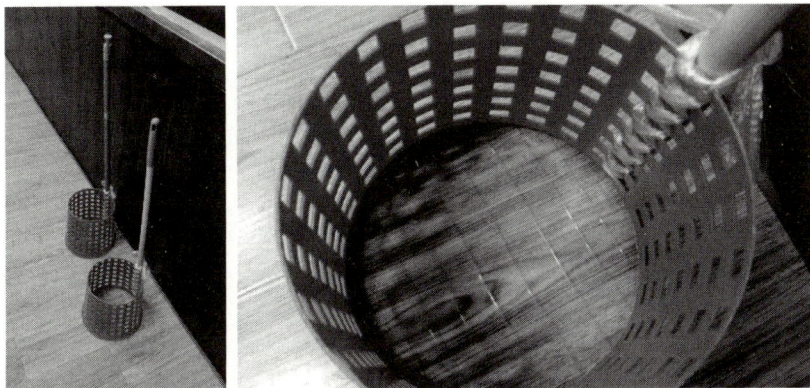

取掉垃圾桶的底部，用鱼线绑成棋盘格而制作成的拾乒乓球机

幸运的是，在上海有乒乓球爱好小组，我去过几次。参加的人年龄从30岁到60岁不等。带有4个乒乓球台的地方是乒乓球爱好小组的专业场地。打完后捡起满地的乒乓球是件很麻烦并很累的事。特别是需要弯腰，大家都很不愿意做这件事。

取掉垃圾桶的底部，用鱼线绑成棋盘格而制作成的"拾乒乓球机"就这么完成了。但是喜欢乒乓球的我，一次都没有想过这个方法。平时只用一两个乒乓球，都是自己保管的，这种设计一次都没有想过。

也许换个立场想想，这样的发明可能会觉得有必要。设计非常独特，笔者看了半天。的确是"意识到问题才是设计的根本"。需要捡起大量球的时候，此设计就显得很独特。

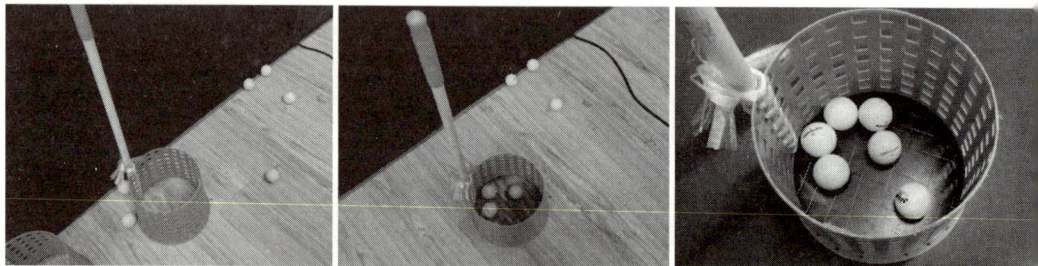

把乒乓球罩住，使球进入网筐内

从上方收集掉落的乒乓球并罩进网筐的方式很不错，并且有弹性的网筐更容易收集乒乓球。以这种方式很容易将乒乓球收集起来。乒乓球爱好小组的教练将球给练习者使其能连续击球，这样就会有很多球掉在地上。练习后必须要捡起这么多的球。笔者打乒乓球，没有经历过这种环境。因此，我没有过这样的想法。稍微想象一下就能想到，但还是没有想得那么远。

只有意识到问题才是设计的开始。意识到问题后，为了能解决问题再进行探索研究就能创新出更好的想法。把"意识到问题是设计的母亲"再一次牢牢记在心里。这是商机。

7-8　好的设计比任何广告都有效果

为了了解从包装上得到的感觉做调查而准备的产品

上图 A、B、C 是用果汁做的三种糖果的包装盒子。如果这三种糖果的价格和容量一样，你要买其中一种，你会选哪个呢？也许你会先看品牌。这当中有你知道的品牌吗？或者是名牌吗？品牌对产品购买产生的影响是极大的。因为品牌是会给购买者带来信任的。

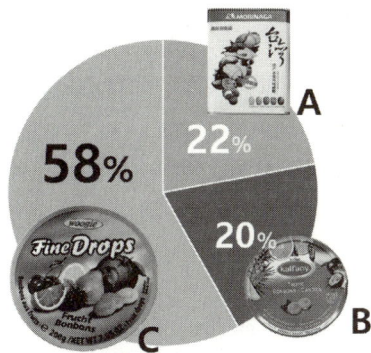

对上海交大 50 名学生进行调查的结果（调查于 2017 年 10 月）

对上述产品，以价格和容量相同为前提，对男生 25 人和女生 25 人共 50 名学生进行了调查。58% 的学生选择了 C。学生们说："这个品牌比 A、B 更知名，可以感受浓郁的水果香。"还有"感觉很新鲜"。大多数学生说，没吃过就有这种感觉。

实际上哪个才是真正水果香浓？哪个更新鲜？学生们并不清楚。但学生们却说，看到包装设计后，有那种感觉。在传达的形象中，消费者没有吃过就通过感觉判断产品。

根据传达的形象，消费者的认识会发生变化，在市场上的销售也会发生变化。设计能传递产品的形象，将商品形象植入消费者心里的行为就是广告。为了这个广告效果，虽然也启用了明星，但首先在卖场或网站上与消费者接触的是产品外观设计或包装设计。贴近消费者心的设计就是很好的广告，而且是最有效果的营销战略。

老板说自己不是有名的品牌，在市场上无法占据优势。名牌的出名是通过长时间和大量努力积累的。

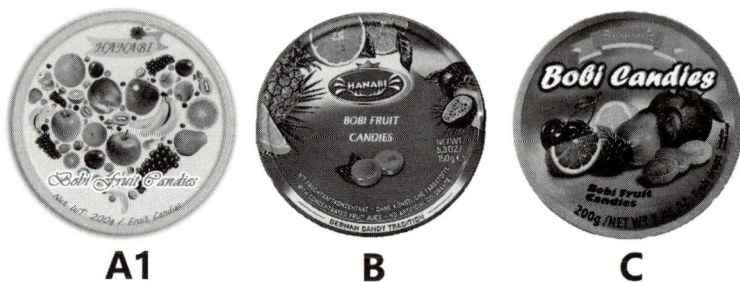

A1   **B**   **C**

使用 Photoshop 重新设计某同一品牌的三种糖果包装设计案

这次用 Photoshop 在三种糖果包装上将公司名称和商品名称同化，以做品牌调查。其中 A1 设计是在市场上根本不存在的假想商品。

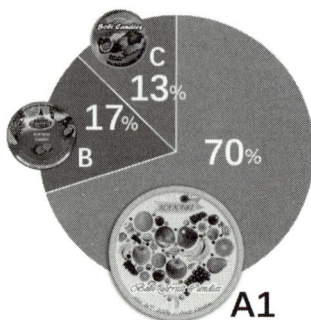

对上海交大学生和普通人群 100 人进行调查的结果（调查于 2017 年 11 月）

　　A1 感觉上比 B、C 具有更浓郁的水果香，更新鲜并更甜一些。事实上，这是目前没有的商品，但消费者只看到包装设计后，就会有这种感受。

　　要想在战场上生存下来，必须提供消费者想要的设计，这样就能在市场上占据有利地位。通过调查，就可以知道消费者希望的设计是什么。如果 A 设计案中用 A1 进行销售的话，能在市场上给消费者留下良好印象，同时会影响销售量。

　　实际上，与老板们见面交谈后才知道进行这种调查的企业很少。包装往往是由老板和公司里的几个员工来负责的。糖果面向 20 多岁的年轻人销售的，如果老板也是 20 多岁的话，还算符合。若非如此，消费者平均年龄与负责者不符，那么就需要以消费者为对象进行调查。只有这样，才能知道消费者对哪种设计会作出怎样的反应。

　　在市场上，甚至有不少企业在使用消费者讨厌的设计。设计是提高企业利益的经营资源（手段），这已在许多研究中得到验证。应该设计出消费者喜欢的设计。目前在市场上，还有很多公司在设计上令消费者反感。其他公司即使设计出令消费者喜爱的产品，还会觉得不够，那么相比之下使用令消费者讨厌的设计的公司绝对是傻瓜。通过调查可以发现，消费者会对他们想要的设计记忆犹新，因为好的设计深受消费者喜爱。广告会在消费者心中植入自己公司的商品或服务的印象，好的设计比哪个广告都更有效果。

7 - 9　开发设计时的各种问题

　　在开发一个商品的过程中，设计师或开发者是不是都会提出这样或那样的问题？如果曾经被问过这样的问题，那么提出这样的问题设计师或开发者一定是非常细致的人。从很多内容中整理出问题，在短时间内以老板和老板公司的立场，进行了设计的分析。

以笔者的经历，在商品开发时，比起市场需求和好的设计，更重要的是老板的想法和意愿。我认为，老板对待设计的态度就像将军在战场上对待部下一样。要想得到成果，需要一起为胜利而奋斗。部下的牺牲是难免的，但是在战场上只考虑自己的活路，没有部下会跟随到最后。因此为了胜利，不应只是嘴上说说，而是将帅要以身作则，部下才能竭尽全力最终取得胜利。

想要得到好的设计就要相互分享很多内容。实际上见面后很长时间的交谈，若没有很精准的问题，也会使双方错过核心问题。大多数老板提到设计，便认为是像在产品上化妆一样使其变得漂亮。但是真正的设计是要超过这个的。真正的设计是要诞生一个新概念的产品，让它在市场上受到更多消费者的喜爱。

在市场上，要想超过竞争公司的产品并取得胜利，就应该做出超越像"化妆"一样的设计。如果要设计新概念，就要了解很多内容。老板对市场、行业里的工作比谁都要了解得多。这方面笔者不能与其相提并论。

笔者见到老板时会提出以下问题。

(1) 贵公司重要销售项目是什么？

(2) 贵公司一年的销售额是多少？

(3) 贵公司的主要销售关键（什么技术，性价比等）是什么？

(4) 拥有的重要的专利技术、认证等是什么？

(5) 开发本产品的动机是什么？

(6) 本产品的特征是什么？（要非常详细的，机能上）

(7) 本产品的未来形象是什么？

(8) 本产品的STP分析——市场细分(Segmenting)、目标市场(Targeting)、产品定位(Positioning)是怎么想的？

(9) 本产品的主要市场在哪里？

(10) 本产品在市场上消费者或者销售人员会如何评价呢？

(11) 本产品的出厂价、消费者期望价格在什么水平上？

(12) 在市场上看到的本产品是什么用途，如何让顾客认可？

(13) 本产品的用户主要在哪里使用？或者希望在什么地方使用？

(14) 想要传达给顾客的本产品的核心是什么？

(15) 进行了市场调查吗？

(16) 市场上最具有竞争力的产品特征是什么？

(17) 与市场上的竞争产品相比较，用什么能战胜它们呢？

(18) 使用怎样的营销方式？

(19) 在开发产品上的投资费用预计是多少？

(20) 若产品很好但需要新的设备时会进行投资吗？

(21) 希望在什么时候推出新产品？

(22) 总共开发时间大概想要多长？

(23) 为了给顾客提供服务想用哪些方法？

(24) 在流通和服务的费用上如何来负担？

(25) 资金不流通时有何想法？

(26) 牌子（名字和商标）有吗？

(27) 其他公司也在开发同一款产品吗？

(28) 公司的法人是谁？是本人还是别人的名义？

这样的相互交流后才能明确老板真正的想法，这样的话才能更容易为老板和市场做出设计。设计师是中间人的立场。若不站在市场的消费者和生产者的老板两者之间进行思考，好的产品是不能诞生于世的。

第8章 设计是日常的

8-1 令人可怕的设计

笔者之前在上海去过著名的医院打过屁股针。在医院里怎么找也没找到病床，感到诧异的同时只好等着护士来帮忙。

过了一会儿，护士走进来让笔者脱下裤子后坐在椅子上。笔者问了哪儿有椅子，护士指了一下像小桌子一样的木板。笔者随后问怎么坐下，护士看着首次在中国医院打屁股针的样子喊道："你连这都不知道吗？！"我感到非常尴尬。

在中国医院打屁股针时使用的椅子

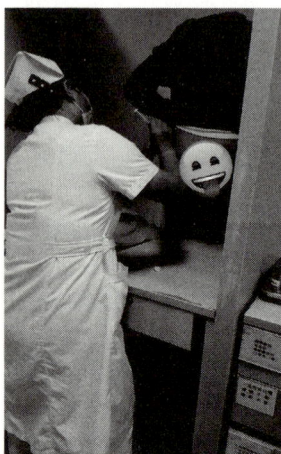

坐在中国医院打屁股针时使用的椅子上打屁股针

护士再次指着像小桌子一样的木板，催着露出屁股赶紧坐下。笔者边慌张边问有没有病床可以躺在床上打，护士回答打屁股针的所有患者全都坐在这椅子上打针。

之后问到朝哪个方向坐下来，护士回答把脚放在脚踏板上，面向护士的反面坐下来。

笔者脸上露出很悲伤的表情说："这个我实在不适应，想躺在病床上打。"护士却发着脾气说没有那么多的时间在床上打，反而说我与众不同。

笔者觉得如果坐在椅子上因臀部肌肉被体重挤压的同时会感到紧张，打针时会有痛感，反而觉得在床上躺下来打的话，臀部肌肉会比较放松一些，能够减轻痛感。

与护士针锋相对的瞬间，幸好找到了一位护士长，请求护士长后，最终躺在床上享受了打上屁股针的特权。

在窄小的空间里诊疗许多患者是目前中国医院的现实。到了罗马要遵守罗马的法律，到了中国医院也应该适应中国医院的诊疗方法，但笔者对此实在不能接受。

因为那是中国人早已形成的文化习惯，但对笔者来说，这样的经验实是在接受不了的。比较这两种打针方式，觉得躺下来打针可能会减轻患者的痛感。

良好的设计会让人感到舒服。从小到大，我对于打针还是感到害怕，必须打针时，会想方设法减少疼痛感。估计所有人会有这样的想法。只针对时间和空间的使用效率，没法受到良好的接待。听说有的医院追加支付一定的费用就能够躺下来打针，但这是必须用钱来解决的问题吗？觉得微小的理解就能让所有人蒙受恩泽。良好的设计使人成为良好的人。虽然抗拒了护士的要求躺下来打完了针，但对中国人的智慧也表示敬佩。

总而言之，如果再深度思考一下，一定会有又新又便利的方式。减少时间和空间即便利的方式会开拓新的市场。

8 - 2　逐渐扩张中的设计

麦当劳、肯德基等国际企业在中国餐厅店的早餐含有豆浆（豆奶）

豆浆（豆奶）是中国人经常饮用的饮料。尤其是在中国人的早餐里是不可缺少的。中国的麦当劳、肯德基早餐单里的豆浆相当于咖啡。

之前，笔者拜访过中国朋友的家庭。家里人把干硬的豆和水倒入一种机器里，过了 10 分钟，做出牛奶色的豆浆递给了我。

此款豆浆机高 40 厘米左右，重量在 2~3 公斤，
使用后要擦掉桶里的豆粉，流程并不简单

随后，笔者怀着好奇心购买了一个豆浆机，并且在家使用了几次，但用了不久，发现管理豆浆机也不是简单的事。

重量也不轻，加上里面的刀片，会比较危险。因此，随后的使用度逐渐减少，过了不久，就没有再次使用。等到想喝豆浆时跑到豆浆专卖店买回一包到家饮用。

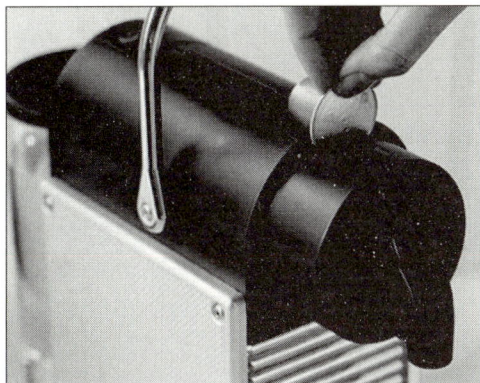

把咖啡胶囊插进胶囊咖啡机里就能做出咖啡

最近上市的咖啡机只要在里面插进咖啡胶囊，点完按钮，就能做出一杯咖啡。使用方便加上管理机器也简单，有多种咖啡胶囊，可以体验各种各样的咖啡味道。因此在市场也受到热烈的欢迎。

既然以这种方式能做出咖啡，那豆浆也能以胶囊的形式做出来。

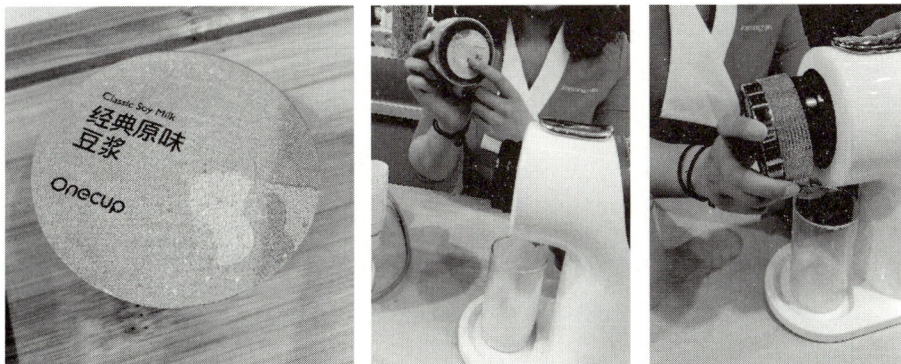

把豆浆胶囊插在豆浆机，只需 1 分钟就能做出温暖的豆浆

　　把豆浆胶囊插进豆浆机，点一下按钮就能在1分钟内做出豆浆，比起放入豆和水制作的机器方便很多。虽然在费用上会有些差异，但消费者越来越会选择更方便的方式。

　　制作胶囊咖啡机的国外公司肯定没想到制造豆浆机，因为他们没有喝豆浆的文化。

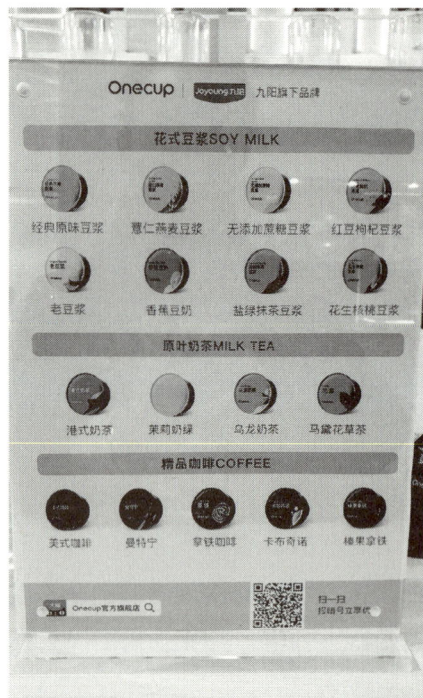

豆浆、茶等各种胶囊。搭配中国文化，所计划出的商品

　　胶囊豆浆和胶囊茶是由中国企业制造出来的。也许是看到胶囊咖啡，根据中国的文化扩展而来。设计是为更便利使用、更给予品味的方向不断扩展。如此扩展是因为有了足够的文化后盾而形成的。

　　文化相当于实际生活，令生活更丰富的产品和服务会受到欢迎。公司老板想到的产品和服务是搭配哪种文化呢？一定要把握好搭配文化的产品和服务。

8 - 3　细心的关怀才是真正的软实力

想真正了解当地的历史情况最好要到当地的历史博物馆。

一进江户博物馆就能看到象征哀悼的日本桥复制版建筑物

笔者为了了解东京的历史，到了东京市区内的江户东京（江藤东京）博物馆。一进博物馆就能看到象征哀悼的日本桥复制版建筑物。旅客必过此桥才能进入展示厅。江户时期的日本桥对面是聚合日本人间与山水的别有天地。

通过望远镜能看到哀悼时期当时的人的表情与街上的风景

　　过完桥能看到体现当时情况的小模型建筑物。与手指头一样大小的数百个小型人偶都有各自的姿态和表情。如果粗略地看一下可能对此不感兴趣，但通过周边处处可见的望远镜一看，就能仔细地看到人偶的表情和街上的风景。通过望远镜看到指甲大小的人偶的脸部突然走近了笔者的眼前。人偶仿佛都还在活着，感觉到通过时光机到了当时的江户时期。展示厅里到处都储备着望远镜，是因为让旅客能够仔细地看到用眼看不到的情景。笔者想到这才是日本化系统和日本的实力。

　　不够了解博物馆展示品的历史却来观看展示品，可能对此不是很感兴趣，会觉得只是个古物，但了解了展示品的历史后就能感到逸闻趣事。虽然能通过博物馆里摆放的一些各种国家语音的翻译机听到讲解说明，但听起来会感到无聊且很难。有翻译机还好点，大多数博物馆里的旅客一般都要自己去寻找后了解内容，因此会觉得不感兴趣。那谁会再次访问呢？

　　江户博物馆里有能够以各种语言讲解的服务人员。旅客可以通过他们收到指南，他们可以带领 1~4 名旅客讲解展示品的历史背景。倾听后觉得仿佛看完了一篇 1600 年至 2000 年为背景的日本发展纪录片电影。通过与服务人员的不断沟通更深刻了解了内容与含义。

　　关掉声音看一部电影会觉得枯燥乏味，如观看博物馆里展示品却没有沟通，则也会觉得枯燥乏味。

　　服务人员通过为旅客讲解东京的历史自己会感到有趣和成就感。他们的服务都是无偿服务。博物馆是以软实力与顾客沟通，并对他们的要求细心关怀。终于明白了为什么在凉飕飕的 2 月份里访问博物馆的游客却人来人往。

8 - 4　超越文化的设计

在韩国餐馆剪切烤肉时大部分都使用剪子

在韩国餐馆剪切烤肉时大部分都使用剪刀，这就是韩国的饮食文化。但外国人第一次看到拿着剪刀切掉烤肉的模样都会觉得很神奇。一手抓住夹子夹住烤肉，另外一只手拿什么工具来切掉呢？估计没有比剪刀更好的工具。

人们一般都用菜刀来切掉肉类，但在韩式烤肉文化里，通常都是抓住夹子切掉肉片，一般不会用菜刀的。不对，是不能用。因为切掉烤肉时必须要有菜板，在餐馆里的餐桌上几乎没有摆放菜板的空间。夹住肉类的夹子是无拘无束的，而且拿着剪刀就能简单地剪掉烤肉。在餐馆切肉时，夹子和剪刀是绝对的搭配。这两个工具能够解除空间和时间的约束。

在中国传统市场内通常拿着剪刀切割刀鱼。

卖鲜鱼的阿姨一般会把较大的鲜鱼放在菜板上拿着菜刀切割下来，反而用剪刀切断有些较长的鲜鱼，会觉得既方便又省时间。特别是要把刀鱼放在菜板上切断，会有多次洗掉菜板的麻烦，反而用剪刀剪切刀鱼就没有如此的麻烦。

在韩国剪切刀鱼时通常不用剪刀，那是因为文化习惯而成的。洗菜板的麻烦比起中国会感到很敏感。要是一旦明白剪切刀鱼使用剪刀的方便，相信文化习惯也会有变化的。

在中国传统菜市场内通常拿着剪刀切割刀鱼

人一般在所处的环境下会找些便利的工具来使用，同时一般比起自己的意志，现实会慢慢适应所处的环境。为工作业务提供有所便利的工具，则市场随时会超越文化。

如果能够看清并掌握对研发有所阻碍的文化，一定会出现新的产品。

8-5　哪项设计更好一些呢?

在大多数机场的等候区，能看到为乘客所摆放的电视。等候乘机的人因觉得无聊会看一会，但估计没有一直在观看的人，因为播放的节目不是自己想看的。所摆放的电视其实是厂家在推广自家的新产品。

等候人其实对它没什么想法。最近大多数人都只看着自己的手机，电视发出的声音反而会干扰他们。数十年前就在机场等候区摆放了电视机，除了更换电视机的品种以外没有任何变化。

在仁川机场等候区能看
到韩国某企业的电视机

在日本成田机场国际机场等候区能看到
摆放了电视机和比较粗糙的电视机支架

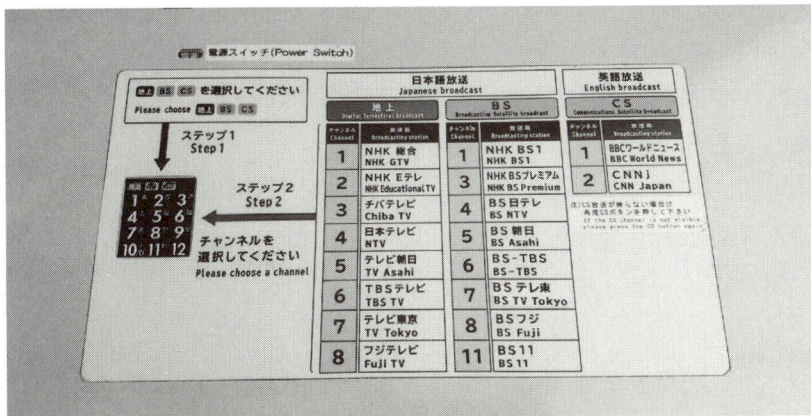

在日本成田国际机场等候区摆放的电视支架上能选择 18 个频道

别具一格的日本成田国际机场等候区摆放了电视机。

支架虽然看起来比较粗糙些，但人们可以自由自在选择频道，会发现有几个频道是日本人常看的中央频道。

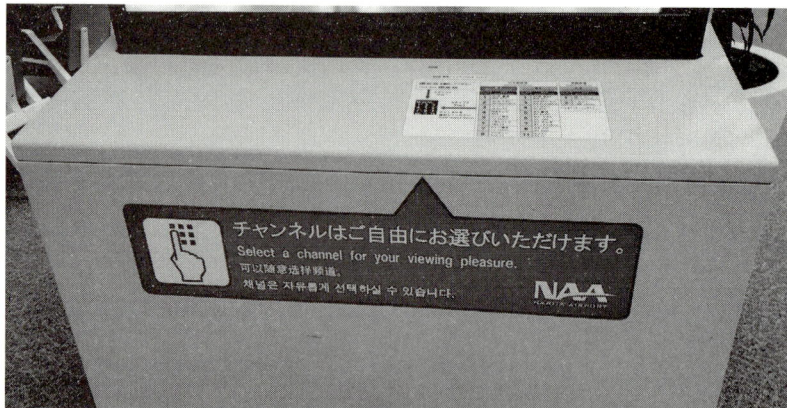

在日本成田国际机场等候区摆放的电视支架上写着"请任意选择频道"

在电视支架上写着"请任意选择频道"。任意选择频道的方式同样别具一格。

那在公共场所个人选择的频道为固定频道的话不会出现问题吗?

以前在韩国和日本家庭里出现过争夺频道的现象,甚至会争吵。因此有的家庭在各自的房间里安装了个人电视。中国和韩国及其他国家能接受这种系统吗?偶尔会不会互相争吵?在日本成田国际机场大概等候了一个小时,没有任何人去调频道。可能是引进的系统才不久,乘客或者看手机,或者读书,对此并没有很大的关心。

笔者认为最佳方案的设计是符合各国文化。因为文化是一种生命体,所有变化无穷,设计也会日新月异。过了一段时间就能知道哪种设计符合我们。偶尔等待观察也是个好方法。

8-6　设计——把想象转化为现实的力量?

笔者从早到晚上下班时的街上以及图片的摩天轮。笔者虽然看了无数次，却一次也没想过要坐上去。笔者的感情虽然有些迟钝，但会怀疑非要坐上它到天空是否有值得看的情景。

上海市区内锦江乐园里的摩天轮（图片来自百度）

在英国伦敦泰晤士河畔能看到代表伦敦的象征物——伦敦眼 (London Eye)。据说坐上摩天轮一眼就能看到泰晤士河。想到了虽然会有些意义，但这巨大的机器能否与河畔搭配好?

最关键的是要没有一点负担渗入大自然和人间似的融合，但在笔者的眼里还是看不惯，而且感到有点负担。

在短暂的时间里坐到高处能观看周边的摩天轮。在比较有高度而开阔的高处观看事物会有些感动，也不是说明在观看未知的世界。重要的是坐过的人是否"想再坐一次"? 笔者对这个摩天轮也许能坐上一次，但估计不会坐第二次。假如摩天轮能映现未知的世界多好啊!

在英国伦敦泰晤士河畔的伦敦眼 (London Eye)(图片来自谷歌 Google)

　　如果有一个能够上到天下到海或河畔体验两个空间的摩天轮，笔者一定要坐一次。因为大海里有很多种海藻和小鱼，每次看到的样子都会不一样。

　　2018 年"Red Dot"获奖作品：Sea and Sky Ferris Wheel 虽然是主题设计，但它把摩天轮再次提高到了新境界。新的经验提供给使用者，使用者可以体验惊异的经验。

2018 年 "Red Dot" 获奖作品：Sea and Sky Ferris Wheel

如果以设计提案生成欲望，那就是优秀的设计。优秀的设计实际体现的可能性很高。让我们亲自使用想象的就是"设计"。

8-7　成功的力量，是与众不同的想法

和几位朋友去过笔者朋友在杭州中心区稍微偏僻的地方开的一家餐馆。

餐馆对面就有一所大学。想到因学生多，所以觉得选址比较好，但实际上位于破旧的建筑物二楼最里头，所以没有一点的对外露出。顺道路过的客人不能自然而然地看到，如果没有口碑影响力，不会因选址得到好处的地方。

朋友的饭馆菜单里就只有一项。那就是在韩国常见的烤肉套餐，各分为 400 斤、600 斤、800 斤三种。

提到韩餐，知道烤肉、泡菜、炒年糕等的中国人在朋友家就不必犹豫了。因为只有一个菜单，点好自己要吃的斤数就可以了。朋友也说因为只有一个菜单，所以准备过程也很简单。

杭州朋友的餐馆里点的一份烤肉套餐

与韩式套餐一起上的汉堡包

　　朋友餐馆的烤肉套餐里包括：生菜、沙拉、土豆饼、大酱汤、鸡蛋羹、泡菜、米饭、汉堡包等。虽然年轻的中国人喜欢面包，但在烤肉套餐里的面包觉得有点不符合。

吃烤肉时，在汉堡包里垫上生菜，再加
上烤肉和沙拉，快速做出的烤肉汉堡

　　去过无数次韩国、中国、日本的烤肉店，第一次遇到提供汉堡面包的烤肉店。刚开始会想到"这是什么"，但过后就会发现这是个非常崭新的创意。

　　想到别人想不到的就是设计的核心。崭新的创意是竞争力。到汉堡店才能吃到的汉堡在韩国烤肉店能吃上，而且顾客可以自己制作并且还可以打包。老板会考虑如何怎样才能想出一个优秀的创意。答案还是在"研究顾客"上，当然也不简单。

　　有时顾客会哑巴吃黄连，但却有自己的要求。找到顾客所需的要求是老板的主要业务。如果老板找不到，那也得请求他人一定要找到。

　　崭新的创意是成功的源泉。下一步在于老板的实行。那总有一天能够讲述成功故事。

　　朋友开的烤肉店刚开业才两周，但等候人却超过了二十多个人。顾客知道这烤肉店与其他烤肉店与众不同。

8-8　商务模板随着设计而变

　　美甲可以修剪指甲，以各种各样的形式在指甲上装饰，这样的商务大概在 10 年前早已开始。国际城市的上海市里的美甲店也像雨后春笋一样簇生起来了。

　　之前是顾客自己买下指甲油后涂在自己的手脚指甲。把所有精神集中在很小的手脚指甲后，要涂得想要的那么漂亮却并不简单。一不小心就得用洗甲水擦掉后重新涂抹。涂完后，过了一周会发现手脚指甲的角落部分慢慢掉落难看的样子，所以再涂上一部分或者擦掉后重新涂抹，这不是一般的麻烦。

　　指甲油的颜色大部分都是粉色或者是红色，几乎没有同时涂抹多种颜色的情况。有时可能画上几个小圆圈，但没想到可以在微小的手脚指甲上涂上样式和画画。但美甲就像在画板上画画似的，在微笑的手脚指甲上画上复杂的图画，或者贴上一些饰品。手指已经成了艺术的空间。

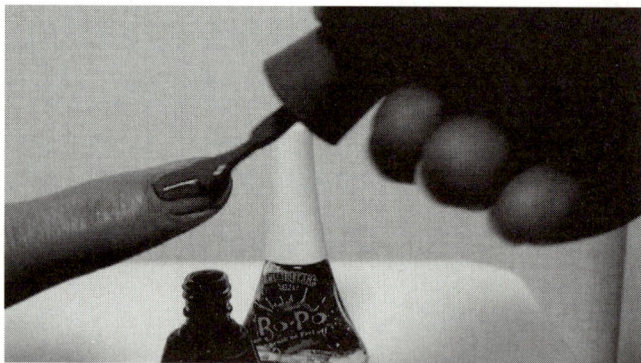

之前液状的指甲油涂抹在手脚指甲，一定要小心点

之前的美甲只是彩妆的一部分。2019 年 5 月 22 日在上海举行的国际美博会里，展示美甲和护理品的展位就占了百个以上。从指甲油升级为美甲后，在美妆界里独占了一部分的领域。如此情况说明市场上的需求逐渐在增加。

做一次美甲需要 1~2 个小时，指甲师一天能接受的顾客不超过 10 名，因此费用上会高一些。这能说是一项事业吗？

美甲的第一代是购买指甲油后自己或者与朋友在手脚指甲上涂抹单色的方式为主。第二代是访问美甲店护理指甲、在手脚指甲上涂抹各种纹样和贴上饰品。如果第一代是自己操作的方式，第二代则是与顾客在理发店接受服务一样的方式。

那第三代是什么方式呢？

顾客越来越期望更炫目的指甲设计和选择既革新又方便的方式。像医生、护士或者常用双手来工作的人们不能做美甲后再工作。但偶尔想做美甲的时候，或需要做的时候有什么办法呢？觉得简单地贴在手脚指甲上会比较适合一些。

在本次展会中看过可以贴在手脚指甲上的塑料指甲，也看到了数不清的设计种类。在实体店或在网上购买自己想要的指甲类型后，贴在手脚指甲上，然后拿磨砂板整理一下就可以了。

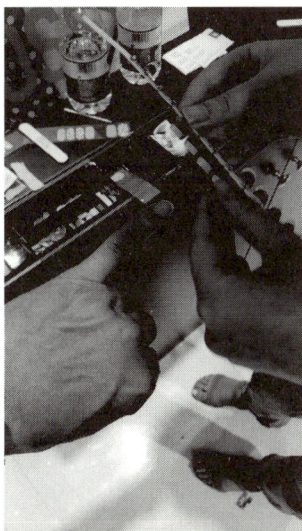

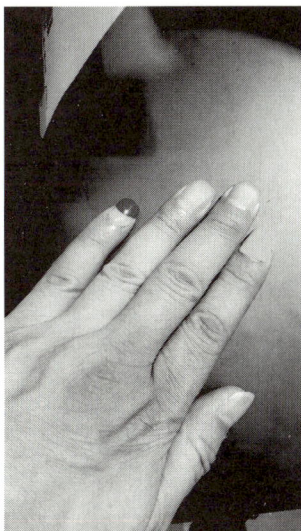

把红色和钴蓝色的塑料指甲在笔者指甲上贴上贴下，感觉非常方便

在展位里展示着各种各样能够贴在指甲上的塑料指甲

　　美甲展位比起其他展位，顾客盈门，人来人往。顾客好像已直觉地感受到了塑料指甲的便利。

　　美甲市场的下一代市场会为人们提供时间、费用、实用上的便利性，会比目前的美甲业提供更绚丽的发展方向。